大阪市役所「闇」の系譜

橋下「大阪維新の会」が継承したタカリ人脈

一ノ宮美成+グループ・K21

宝島
SUGOI
文庫

宝島社

文庫版のためのまえがき

一昨年、二〇一一年十一月の大阪市長選挙で、大阪市を解体する「大阪都構想」の実現を掲げて当選した橋下徹大阪市長だが、橋下市長の「大阪市政改革」の本丸ともいうべき公約「大阪市地下鉄の民営化」に、いよいよ黄信号が点滅し始めた。

橋下市長は今年二月の定例記者会見で、「二月、三月で民営化に決着をつけたい」（一三年二月七日、定例記者会見）と言い、市営バス・地下鉄の廃止条例を大阪市議会に提案、「大阪都」への移行の時期と同じ一五年四月からの地下鉄民営化を狙ったものの、市議会では廃止条例を継続審議とする公算大なのだ。

市営バス・地下鉄を廃止するには、市議会で三分の二の賛成が必要だが、橋下与党「大阪維新の会」と公明党だけでは賛成票は足りず、最初から反対の共産党に加え、自民党、民主党が廃止に同意しなければ、否決されることが予測されていた。そうしたなか、橋下市長は民営化に向けて強行突破を図ろうとしたが、頼みの与党・公明党が、支持者からの反対の声が強かったからだろう、慎重な姿勢を取り始めた。加えて今年六月には参院選挙がある。

こうした背景があって、結果的に継続審議となる可能性が高くなったのだ。

合わせて、大阪府民を水危機と災害に巻き込み、多国籍企業のカネ儲けの対象になるだけの府内の水道事業一本化についても、市議会で三分の二の賛成を得られる見通しが立たなくなった（橋下市長は突然「市営水道の民営化」を言い出すなど、迷走している）。ここにきて、やりたい放題だった〝橋下暴走市政〟にブレーキがかかりつつあるのだ。

それにしても、橋下市長はどうして、市営バス・地下鉄の廃止条例を提案できたのだろうか。その背景には、一昨年十一月の市長選挙で対立候補の平松邦夫市長（当時）を組合ぐるみで応援した大阪市労働組合連合（市労連）、なかでも最大、最強の労組といわれた大阪交通労働組合（大交労組）が、橋下市長の恫喝《どうかつ》に屈服して同意したからである。

大阪市長選挙直後の昨年一二年一月四日、当時の大交労組執行委員長でもあった中村義男市労連執行委員長が、わざわざ市長室に出むき、傲然《ごうぜん》と突っ立っていた橋下市長の前で、床に頭をすりつけんばかりに最敬礼したうえ、直立不動の姿勢で謝罪している場面が夕方のテレビニュースで流された。このシーンを覚えている読者も多いと思う。勤務時間中の選挙運動を激しく攻撃され、庁内からの組合事務所の退去を求められたのだ。

なんとも惨《みじ》めな場面を世間にさらしたうえ、最後に中村前委員長は「今後の話し合いはマスコミのいないところで」と、追従《ついしょう》笑いを浮かべて持ちかけたが、橋下市長に「それはできない」と一蹴《いっしゅう》されたうえ、握手をしようとして手を差し出したのも拒否された。

中村前委員長が最後に口を滑らした「マスコミのいないところで……」発言は、六年前の關淳一《せきじゅんいち》市長時代に、日本中の話題をさらった大阪市職員の厚遇問題と当局との癒着で腐れきった労使双方一体となったいわゆる「中之島一家」（大阪市役所の所在地・中之島になぞらえた呼称）の体質が、いまなお市労連にも存在していることを、はしなくも露呈した瞬間だった。

橋下市長は、いわばその労組の腐敗体質、とどまることを知らない不祥事をタネにして大阪市役所攻撃を仕掛け、市民の喝さいを浴びてきた。加えてその腐敗体質は、市バス・地下鉄廃止（民間への売却）という暴挙の、最大の根拠にもしてきた。

この橋下市長の恫喝に音《ね》を上げた大交労組は、今年一月十六日、「職員の雇用が最優先課題。市民サービスも維持すると約束した」として、大阪市交通局との労使交渉の場で、とうとう民営化に同意してしまったのだ。これについて橋下市長は、「非常に歓迎すべきこと」と満足げに評価し、事実上、大交労組を支配下に置いたことを宣言した。

市議会で可決されれば大阪市では、今年四月から市営交通の無料敬老パス（七十歳以上）を廃止する方針で、旧来の無料パス利用者は年間三千円、一回乗車ごとに五十円を支払わなくてはならなくなる。コミュニティー系バスの赤バスも廃止の方針（すでに国土交通省に廃止届を提出）で、市民の重要な生活手段が奪われる。これでは、「敬老パスは維持します」と言った橋下市長の選挙公約が反故《ほご》にされたことになる。市民サービスが切り捨てられているのに、どうして民営化されれば維持できるのか。今、民営化の利点としては、終電時間の延長などがいわれているが、これなど民営化しなくてもできるものだ。

大阪市議会は、さすがに市民の強い反発で廃止条例を継続審議にする方向だが、地方公務員法に規定された「地方公務員は全体の奉仕者である」という本来の責務を投げ捨てた大交労組、そして自身の人脈に連なる関西財界の大企業に大阪市民の財産を売り飛ばすのが狙いの橋下市長は、それこそ同志であり、「中之島一家」が再構築されたも同然といえるだろう。読者諸氏には、かつての厚遇問題を発端に明るみに出た市民不在の労使癒着の大阪市の体質が、橋下市長という独裁的体質を持つ首長のもとでも連綿として続いていることを、本書を通じて知っていただければ幸いである。その構図の中にこそ、橋下「大阪維新の会」の本質が表れている。

二〇一三年三月　　　　　一ノ宮美成

まえがき

「大阪市役所は大阪から出て行け」

一昨年（二〇〇四年）秋以来、職員厚遇問題、次いで乱脈同和行政と大揺れの大阪市に対して、市民からこんな究極の叫び声が投げつけられ、だれしもが溜飲《りゅういん》を下げた。

「汗水垂らして、まじめに納めた税金を人のカネやと思うて好き勝手に使いよって、ホンマ、市役所なんていらんわ」という、大阪市民の本音を代弁したセリフだったからである。言い換えれば、それほど大阪市役所というところは、市民からほど遠く、冷たい存在として長年市民の意識に植え付けられていたということである。

大阪といえば、庶民の町というのが通り名である。反中央、反権威が大阪人の持ち味ともいう。が、一皮めくれば、市民が選挙で選んだ官僚出身市長と議会与党、そして選挙の実働部隊になってきた労働組合の三位一体となったいわゆる中之島《なかのしま》（大阪市役所の所在地）一家が、それこそ「お上《かみ》」として市職員はもちろん、市民の上に君臨してきたのが実態である。

一晩に二百万円もの公金を高級クラブや料亭で使いドンチャン騒ぎをしたり、「財政危機」などまるで人ごとのように物見遊山《ものみゆさん》旅行を繰り返す高級官僚や与党議員、労組幹部。働かなくても給与をもらえる労組のいわゆる「ヤミ専従」やカラ残業、ヤミ年金・退職金など職員厚遇は、市長選挙の論功行賞の極みである。

こうした税金喰いで持ちつ持たれつの中之島一家を構築した大阪市が最も熱心に取り組み、湯水のように税金をつぎ込んだのが大阪湾岸開発である。湾岸開発はもともと関西財界の要求で始まったものだが、バブル経済の崩壊をうけてたちどころに破綻、いま天文学的数字の借金のツケが大阪市民（一人あたり二百六十万円）の肩にのしかかっている。

読者のなかには、「やっぱり大阪や」と、侮蔑《ぶべつ》の意味を込めて今回の厚遇問題など一連の不祥事を見ている人が多いと思う。筆者もいつも「なんでやろ」と思うが、おそらくスジが通らないことが多すぎるということだと思う。知人の元大阪市労組幹部は、関東と関西の労働組合運動の違いをこう説明してくれたことがある。

「スジ論の関東、実利の関西」

これを聞いて、なんとなく納得できた。

その「実利の関西」の象徴が、いわゆる「同和利権」である。周知のとおり、いまから三十七年前の一九六九年、一般地区との格差是正を目的に、同和地区の住環境の整備や教育水準の向上をめざして同和対策事業特別措置法が施行された。以来、大阪市だけでも、法期限切れの二〇〇二年三月末までに約一兆二千億円もの税金が投入された。この巨額の公金は、住環境の改善など部落問題を解決するうえで大きな効力を発揮する一方で、「同和利権」と呼ばれる利権漁りと腐敗を生み出した。この「同和利権」を独占するため運動団体でもある部落解放同盟は、あらゆる無法を働き、行政を、そして市民を畏怖させ、屈服させ、モノ言えぬ解放同盟タブーという「聖域」をつくり、大阪はそれこそ無法地帯になった。

大阪市においてこの「聖域」は、「差別をなくす行政」、つまり「同和行政」として、すべての行政施策に君臨し、一般施策との間に逆差別を生み出した。たとえば、大阪市内には百二十九の中学校があるが、学校給食が実施されているのは、旧同和教育推進校の十二校だけである。いまから十七年前の八九年、今回にもまして大阪市を揺るがした公費スキャンダル事件があった。その際、与党議員の飲み食いタカリの背景をある職員ＯＢはこう言っていた。

「乱脈同和行政を容認する見返りとして、自分たちの理不尽な『要求』を市の理事者に飲ませるのである。少々の無理難題や飲食のタカリは、『解放同盟のやっていることと比べたら可愛らしいモンや』ということになる」

あまりの「解同」言いなり市政に「解放同盟淀屋橋《よどやばし》支部」（大阪市役所は中之島の淀屋橋地域にあることから）と従来から陰口をたたかれてきたが、今回（〇六年）の飛鳥会《あすかかい》事件で巨額の公金がヤクザの資金源に化けていたことが明るみに出たため、ついには「ヤクザ市政」とも揶揄《やゆ》されるに至った。

まさに、「同和」というタブーを隠《かく》れ蓑《みの》にして、あらんかぎりの悪政が横行し、今日の財政危機、市民いじめをつくり出したのである。

しかし、同和優遇もこの十月、市長提案の旧芦原病院に対する約百三十八億円の債権放棄案を市会が戦後初めて全会一致で否決するなど、厳しい市民批判にさらされるようになった。同和予算も逼迫《ひっぱく》する財政危機を前にして、削減の時を迎えている。こうして削られた予算が市民要求に向けられるのかというと、そうでもない。逆に、厚遇批判を逆手にとって大ナタが振るわれているのだ。結局、予算は財界向けの湾岸開発や都市再生事業に振り向けられているのだ。それが、市政改革の正体であり、小泉流「構造改革」の大阪市政版である。いわば中央政府による〝関西浄化作戦〟の上に遂行されているこの市政改革路線の行き着く先は、すでに「一地方都市」と呼ばれるまで地盤沈下した大阪の奈落であり、東京への完全屈服である。一連の同和不正で結局与党が真相を解明することなく幕を引いたことで、東京による自浄能力なき大阪喰いがいよいよ本格化したといえるだろう。

二〇〇六年十月　一ノ宮美成

大阪市役所「闇」の系譜　橋下「大阪維新の会」が継承したタカリ人脈＊目次

第三章 裏切り——大阪市政改革の「正体」!!

第四章 最大のタブー「同和問題」の闇

第五章 中之島一家‼大阪市役所の腐臭の構図

第六章　乱脈——公金スキャンダルの全貌

第七章　大阪破産‼　元凶は「湾岸開発」

第一章　〝大阪乗っ取り〟の野望

関西財界の忠実な「番犬」

「みなさんにしっかりと手綱《たづな》を引いてもらって僕が崖《がけ》から転落しないように、どうかみなさん、手綱を（握ってくれるよう）よろしくお願いしたい」

今年一月四日に開かれた大阪府・大阪市・関西財界合同の新年互礼会で、大阪市長就任一年を迎えたばかりの橋下徹市長はこう挨拶《あいさつ》し、関西財界の番犬として忠実に働くことを誓った。そして翌月の二月十五日、橋下市長は、大阪市営交通民営化のための地下鉄・バス両事業の廃止条例案を大阪市議会に提案。この条例案は、地下鉄としては全国初の民営化（「地下鉄事業民営化基本方針（案）」、二月十九日発表）を二〇一五年四月から実施するというもので、冒頭の挨拶に負けず劣らず、関西財界の忠実な番犬ぶりを示す、橋下市長の象徴的な施策である。

周知のとおり、橋下市長は大阪府知事時代から、大阪市営交通の完全民営化を主張してきた。民営化に慎重だった当時の平松市長との公開討論で「（高速道路淀川左岸線延伸部は、三千億円かかっても）当然やります。地下鉄を売却してもやります」と発言するなど、市民の財産である市営交通の売却に異常な執念を燃やしてきたのだ。

そして、一昨年（一一年）十一月の大阪市長選挙では、地下鉄の完全民営化を公約に掲げて当選。ダブル選挙で当選した松井一郎大阪府知事とともに、議会にもはからず、条例でも定められていない超法規的な最高決定機関「大阪府市統合本部」（本部長・松井知事、副本部長・橋下市長）を設置し、大阪府市特別顧問の上山信一《うえやましんいち》・慶應義塾大学教授をアドバイザーに迎えて「地下鉄民営化・成長戦略プロジェクトチーム」を結成した。のちに在阪の五私鉄（阪急、阪神、京阪、近鉄、南海）の幹部も、同チームのアドバイザーとして特別参与に迎え、文字どおり関西財界と一体となって、大阪市交通事業の民営化に向けての作業を進めてきた。

このような動きを先導してきた橋下氏が、市長に就任してわずか一年数カ月でまとめたのが、先の市営地下鉄とバス事業の完全分離と、市営バスの廃止、地下鉄の民営化方針だ。それによると、市バスは現在の百三十二路線のうち、コミュニティー系バスである「赤バス」の二十六路線を今年一三年三月末で廃止、一般バスも来年一四年三月末で十七路線を廃止し、残る八十九路線は同年四月から民間に売却するというものの。この段階で市営バスは完全廃止されるという。つまり政令指定都市としては異例のかたちで、市民サービスを切り捨て、さらに市民から交通権（移動の自由）を剥奪《はくだつ》するという、とんでもない事態が生まれることになる。

一方、地下鉄については、一五年四月から民営化し、大阪市全額出資の株式会社にして、将来、株式上場を目指すという。この方針どおりに事が進めば、公営地下鉄の民営化は、地下鉄がある全国九都市のなかでは初めてのことになる。

大阪市営地下鉄は、一九三三年の御堂筋線の開業以来、「公共の福利増進に徹する公益事業」(『大阪市地下鉄建設五十年史』大阪市交通局刊)として出発し、営利目的ではなく、都市計画の一環として整備され、市バスとともに市民の足を守ってきた。現在、ニュートラム(新交通システム)を含めて、九路線一三七・八キロメートルの路線網を有し、一日当たり二百二十八万人が利用している。九一年度以降、地下鉄の建設費の七三・二%が国と大阪市の資金で、文字どおり市民の財産だ。営利を目的にした私鉄とは、目的も成り立ちも異なる。

地下鉄建設には、一キロメートル当たり二百億~三百億円もの建設費がかかる。そのため大阪市営地下鉄の経営は、企業債の支払利子や減価償却費が膨らんだことで、赤字基調で推移してきた。しかし〇三年度以降、単年度黒字に転換。一〇年度は、最大二千九百億円あった累積欠損金を、全国の公営地下鉄としては初めて解消した。そして一一年度は、バス事業への三十億円の支援、職員の退職金三十億円増があっても、全体では百六十七億円の収益を上げており、減価償却費三百七十九億円と合わせると、都合、五百四十六億円のキャッシュフロー(現金収入)を生み出すまでになっている。

バランスシート(資産・負債)の面でも、現金・預金三百七十八億円、交通事業基金二百二十六億円、一般会計への貸付金九十六億円、バスへの出資貸付金三百四十二億円、関西電力株一千五百四十六万株（簿価約百十五億円）などを保有し、さらに建設企業債（借金）については、繰り上げ返済を行なうなどして、一一年度だけで七百八億円も減らしている。ちなみに企業債残高は、〇七年度末七千五百四十二億円が一一年度末五千九百七十六億円と、四年間で約二〇％、一千五百六十六億円も減らしているのである。

さらに大阪市交通局は、一二年度に大阪市交通局本局のバス用地を十億円で買い取ることに加え、一三年度には交通局の守口・住吉・中津の三つのバス営業所と、上本町六丁目、あべの北の二つの操車場を七十五億円で買収することになっている。

実際、経営努力の結果、「地下鉄八路線のうち（ドル箱といわれている）御堂筋線を始め、谷町線、四つ橋線、中央線、堺筋線の五路線が黒字」（大阪市交通局）なのである。

橋下市長は、その民間売却に血道《ちみち》を上げているというわけだ。

黒字を赤字と言いくるめる魂胆

大阪市の地下鉄事業会計に詳しい、下田敏人前市議（共産党）はこう言う。

「大阪市営地下鉄の台所は、まさに民間鉄道事業者もうらやむばかり。超優良企業です。これほどの収益力・資金力があるのだから、いまこそ、料金値下げや御堂筋線の可動式ホーム柵の設置、八号線（今里筋線）の南半分の建設に、それを投入すべきです。八号線の延伸の早期実現を求める決議は、民営化を方針にしている大阪維新の会も含めて、（大阪市議会が）全会一致で可決したことです。

『大阪市交通事業の設置等に関する条例』には、地下鉄九路線一五三キロメートルの建設が定められていますが、八号線の延伸や敷津長吉線（九号線）など、未着工の『計画路線』の整備が残っており、これらの事業は市民と約束したものです。しかし、市営地下鉄が条例で廃止されれば、路線を建設する法的根拠がなくなり、事実上ストップすることになる。橋下市長は、大阪維新の会市議団が市民に約束したことを、代表という立場にありながら反故《ほご》にするという、なんとも支離滅裂《しりめつれつ》なことをやっているのです。まさに暴走ですわ」

下田氏の試算によると、大阪市営地下鉄の総資産は、保有する関電株の値下がりを見込んだとしても、おおよそ一兆五千億～六千億円はあるという。交通局が関電株を所有していることについては、市民に広く知られた話ではないので意外に思う人が多いと思う。

その経緯について、元大阪市職員で市営地下鉄の財務を研究している市民団体「おおさか市民ネットワーク」の谷口積善氏が解説してくれた。谷口氏は、情報公開請求で入手した市交通局が保有する関電株入手の経緯に関する資料を手にし、こんなエピソードを明かしている。

「大阪市は、関西電力株の九・三七％、約八千三百七十万株を保有する筆頭株主ですが、そのうちの一八・五％、約一千五百四十万株は大阪市交通局が所有しています。一般にはあまり知られていないことですが、今から五十年近く前、大阪万博（七〇年）の三年前の六七年三月、万博のためにお金を使い、市の台所が苦しかったのでしょう。交通局に、市財政局が二十億円相当で買い取ってもらったものです。すでにこのころから交通局は、市財政に貢献しているのです」

谷口氏はさらに、「交通局はぬえ的体質を持っている」と言い、「〇三年決算で累積欠損金が二千九百三十三億円からいっぺんに一千七百四十八億円も減額されたのも、〇三年度決算で一千百三十七億円まで減って、この年度から単年度黒字になったのも、それまで収入として計上すべき国からの企業債返還のための元金ならびに利息補助金を資本余剰金に繰り入れ、溜《た》め込んでいたからです。これについては、私たちも会計処理がおかしいと国に照会したことがあります。さらに市議会でも問題になり、国の指導で収入に繰り入れられることになったという経緯があります。交通局は、なにかにつけて『赤字だ、赤字だ』といっては、利用料金の値上げや職員の賃金カット、人員削減をしてきましたが、経理の内容を精査してみると、決算は（前述のような）カラクリの上に成り立っていたのです」

つまり、大阪市の市バス・地下鉄を廃止し、民営化する根拠など、じつはどこにも見当たらないのだ。それにもかかわらず、橋下市長や大阪市交通局は、あれこれ屁理《へり》屈《くつ》を述べて、民営化を正当化しようとしている。

その一つが、地下鉄を民営化すれば「税金を使う組織から、納める組織になる」というもの。しかしこれは誤魔化し、詭弁《きべん》である。

たとえば、〇二年から十年間、交通局は、一般会計から地下鉄事業へ約二千億円の出資金、補助金を繰り入れているが、その大半は地下鉄建設やエレベーター、エスカレーター設置を目的としたもの。公共交通としては必要な措置である。

こうした措置は、地下鉄建設の本来の目的「市民福祉の増進」に貢献してきただけではなく、市財政にも貢献している。

例をあげれば、営業外収益である利子負担軽減を目的とする国の補助金（特例債元利補助金）は、〇二年度三十一億円だったのが一二年度は七億円と、この十年間で七〇%、二十四億円も減額され、逆に地下鉄事業は一般会計に九十六億円を貸し付け、一般会計分担金も十八億円支出している。これでは、橋下市長や市交通局が民営化のための最大の謳《うた》い文句にしている「税金を使う組織から、税金を納める組織に」（一三年一月、市議会交通水道委員協議会、藤本昌信交通局長〈京阪電鉄子会社・京福電鉄元副社長〉の答弁〉は、まったくの偽りだということになる。

さらにその〝偽り〟について指摘すれば、橋下市長や藤本局長が言う民営化のメリット、つまり納められる税金＝固定資産税などの税金は、わずか六十七億円しかない。民営化などしなくても、黒字の地下鉄事業は現在もまた将来も、市の財政に貢献していくのである。

もっといえば、地方公営企業法では、出資を受けた場合、利益の状況により一般会計に納入することが規定されている。この規定にもとづき、先にも書いたように一二年度は、貸付金・分担金合わせて百十四億円も支出している。だいたい、地下鉄の建設費には一般会計から二割出資し、その累計は一一年度末で三千四百十四億円になっているが、その二％を一般会計に支出するとしても六十七億円。民営化した場合の固定資産税等の納付額と変わらない。そもそも大阪市営地下鉄は、公営企業なのだから固定資産税等の負担はない。年間、百数十億円の利益を上げている公営企業として、これからも立派に市財政に貢献していける。橋下市長や市交通局が言う〝メリット〟など、まったくのマヤカシなのだ。

「民営化」すれば逆に巨額の借金が

橋下市長や交通局は、市バスの廃止と民間への売却、地下鉄の民営化について、「市民サービスを今後も維持し、向上をめざす」（藤本交通局長、一三年一月、市交通水道委員協議会）とも言い、民営化の正当化に必死になっているが、地下鉄については現在でも「乗客の安全のための可動式ホーム柵《さく》は、長堀鶴見緑地線、今里筋線の二路線で完成。現在千日前線でも工事中で一四年度中には完成予定」（大阪市交通局）で、市民サービス向上が進んでいる。

大阪市はこれまで、市営バスの赤字路線を公共交通として維持するため、地下鉄会計からバス会計に、〇八年度からの四年間で計二百十二億円の繰り入れや出資を行なって、市民の身近な交通手段であるバスを守ってきた。

ところが橋下市政になってから、府市統合本部で市バスの赤字だけが強調される流れができた。黒字の地下鉄と分離し、それこそ「民営化」の負担と売却先の受け入れ体制を有利にするため、地下鉄・バスの分離論が声高に叫ばれるようになり、ついに橋下市長は、一二年度から市バスへの支援を打ち切ったのだ。「市営バスは赤字なのだから」と、コミュニティーバスの全廃や路線バスの一部廃止など全路線の半分を廃止。「事業性のある」、つまり「収益性」のあるバス路線八十九を民間会社に売却するのだという。「市営バス」も、おいしいところは民間会社に叩き売るという方針を打ち出したのだ。

　このため「買い物に行けなくなる」「病院に行けなくなる」「区役所にも行けなくなる」と、日ごろから市バスを唯一の移動手段としてきた高齢者をはじめ多くの市民から、「このままでは、地域が陸の孤島になる」と悲鳴が上がった。しかし交通局は、昨年秋に、料金百円の赤バスの廃止届けを国に出している。

　橋下市長は、市営バス路線の半分を廃止（赤バス二十六路線は今年三月末で廃止、市バス十七路線は来年三月末で廃止）するという極端な市民サービス切り捨てを行なう一方、大阪市は民間に売却する八十九路線に対して、五年間は毎年十億円の補助金を交付するとしている。しかし採算が取れるのか、そして路線が守られるのかについては、なんの保障もない。採算がとれなければ、利潤がすべての民間会社が、路線を切り捨てるのは目に見えている。

　そもそも橋下市長からして、市議会で乗客の安全対策である可動式安全柵の設置と職員の薬物がらみの不祥事とをすり替えて、こんなトンデモ答弁をしているのだ。

「可動式をやるのはいいですけども、その前に覚せい剤をやめてくれっていうんですよ。それが一番最悪じゃないですか。どれだけ可動式をやっても、全部整備しても、運転手が覚せい剤をやって、それで運転しているなんて最悪の安全状況じゃないですか。そっちをきちんと適正化するためにはね、やっぱり民営化、これが絶対必要です。柵ばっかりつくって覚せい剤ばっかり打った運転手が増えてどうするんですか。そんな無茶苦茶なことを言ったらダメです」

いまの地下鉄の運転手が覚せい剤の常習犯であるかのように言いふらしたうえ、柵をつくってもいま以上に覚せい剤常用の運転手が増えるとでもいわんばかりだ。このような常人の理解を超えた理由を挙げ、「民営化が絶対必要」と言うのだ。こんな支離滅裂な「民営化」の根拠を信じる者は、誰もいないと思うが、職員の不祥事まで材料にして、「民営化」に血道を上げる橋下市長の魂胆《こんたん》は、後で触れるように一昨年《ろう》十一月の市長当選直後から一貫して変わっていない。むしろ、こうした詭弁でも弄さないかぎり、「民営化」の正当性を主張するすべがないのだろうが、そもそも職員の不祥事の責任の所在は、市政を預かる大阪市の市長である橋下氏にあり、地下鉄利用者の責任でもなければ、安全柵とはまったく関係のない話だ。

そもそも市バスの廃止には、企業債の償還や地下鉄会計への返済など計七百三十六億円の資金が必要。交通局は、営業所の土地などの財産を売り払っても返済に充てるとしているが、財産の売却益は市の見込みでも四百二十六億円。不足の三百十億円は借金するしかなく、市民は新たな負担を背負わされることになる。

「鉄道会社や都市銀行が大儲け」のカラクリ

本書の別の章でも触れているが、地下鉄の民営化が仕組まれたのは、今回が初めてではない。詳しくはそちらを参照していただきたいが、事の発端は今から八年前の〇五年のこと。当時の關淳一《せきじゅんいち》市長が、「市政改革の司令塔」として慶應義塾大学の上山信一氏を市政改革推進会議委員長として招へい、規制緩和主義者でもある上山氏は「地下鉄の公設民営化」を主張したが、足元でスキャンダルが発覚したこともあって、市役所を追放されて、その〝思惑〟が挫折《ざせつ》したという経緯があった。

そして橋下氏が、〇八年に大阪府知事に就任すると、上山氏は再び「改革のリーダー」として登用され、一一年十一月、橋下氏が大阪市長に就任した直後から、「地下鉄完全民営化」のための「司令塔」として市政に復帰した。

上山氏は〇五年当時から、地下鉄の完全民営化のためには「財界の関与が第一」と主張してきたが、橋下市長はそれに従うかのように、市交通局長の人事で、橋下市長に近い大阪商工会議所（大商）会頭の佐藤茂雄・京阪電鉄取締役相談役の部下であり、同電鉄系列の京福電鉄副社長の藤本氏を露骨にも登用。さらに、大阪府市統合本部の設置にあたっては、市バス廃止・地下鉄民営化の作業を進めるために、在阪私鉄五社の幹部をアドバイザーとして登用している。

上山氏は、地下鉄民営化などの大阪市改革について、最近もメディアで「小泉構造改革路線を継続しているだけだ」と言明している。その言葉どおり、「財界の関与が第一」という八年前の「市政改革」の考え方と、まったく変わっていないのである。

もともと「地下鉄の民営化」は、関西財界の強い要求である。市バス・地下鉄の廃止、地下鉄民営化基本方針の発表、市営交通の廃止を「(一三年の)二月、三月で民営化に決着をつけたい」(一月七日、記者会見)……意気込む橋下市長と気脈《きみゃく》を通じるかのように、関西経済同友会はこの一月二十一日、「民営化の舵《かじ》を切ったことを高く評価する」として「提言　大阪市営地下鉄事業の民営化実現を求める」を発表し、大阪市と市議会に申し入れた。

提言の内容は、次に紹介するように、大阪市が二月十五日に発表した地下鉄民営化基本方針案と瓜《うり》二つのものだ(要旨)。

「当会は二〇〇六年四月以降、大阪市交通局の『完全民営化』を求めて提言を重ねて参りました。今回、交通局自らが地下鉄事業の民営化に舵を切ったことを高く評価。世界で激烈な都市間競争が繰り広げられており、大阪市はその競争に生き残らなければならない。民営化は、人口が減少する中で、財政への負担を減じ、利用者に提供するサービスを向上させることで、都市力を強化するための有力なツール。大阪市会は、市営地下鉄民営化という歴史的な英断を是非、下して頂きたい」

ところで、今回、市議会に提案された地下鉄民営化案では、橋下市長が市長選挙の公約で掲げた、民間鉄道業者に売り渡す「完全民営化」とは違って、「当面、市一〇〇％出資の株式会社で運営し、将来、株式上場をめざす」と変更されたものだ。この変更にさっそく注文をつけたのが、橋下市長に人脈的に近いことでも知られる、京阪電鉄の佐藤茂雄取締役相談役が会頭を務める大阪商工会議所（大商）である。

二月十五日、大商は「大阪市営地下鉄の民営化に関する意見～地域とともに成長する『民間総合鉄道・地域開発会社』の実現を～」を発表。「二、三月市会で確実に民営化の道筋をつけられるよう強く要望する」と求め、「民営化に際しては、経営の自由度を確保することが最も重要である。大阪市の一〇〇％子会社時においても、所有と経営を分離するという株式会社制度の趣旨を徹底するとともに、大阪市の株式保有割合を段階的に引き下げ、近い将来確実に完全民営化・上場を実現されたい」と、大阪市の株の保有割合の低減を求めたのだ。

ではなぜ、方針が変更されたのか。前出の下田前市議がこう解説する。

「税金と利用料金で築き上げた市民の財産を、職員の不祥事があるからと、筋違いの理由で民間鉄道会社に右から左にポンと売り渡すことには、いくらなんでも理解を得られない。橋下氏が市長になって新設された事務方のトップ・都市改革監に抜擢《ばってき》され、一二年十一月に副市長に昇進した京極務氏は、都市改革監時代、大阪府市統合本部を担当しています。京極氏はそこで、地下鉄の民営化と同時にスタートさせるとしている大阪都構想（大阪市を解体して五つから七つの特別区にする）に向けて、今の大阪市の財産をどう振り分けるかという作業をしてきました。その京極氏が、『すぐに完全民営化するのは無理』と判断し、上山氏に進言した、と巷間《こうかん》いわれています。それで橋下氏も、すぐに民間に売却するのではなく、当分は大阪市一〇〇％出資の株式会社にして、将来株式を上場するということで話がまとまったということです。

東京都の旧営団地下鉄は、正式には日中戦争中、国家による東京の地下鉄事業を一元化するために帝都高速度交通営団として発足した国・都出資の特殊法人で、大阪市営地下鉄などの公営地下鉄とはまったく異なるもの。営団は〇四年に株式上場をめざすとして、国が五三・四％、東京都が四六・六％を出資した東京地下鉄株式会社＝東京メトロに継承され、利益を上げていますが、九年経ってもいまだに上場されていません。

民営化の旗振り役だった佐藤氏率いる大商は、（大阪市営地下鉄が）株式会社化されたのにいつまでも上場しなければ、大阪の地下鉄に参画し、儲《もう》けることができないと苛立《いらだ》っているのではないか。しかし、市民の財産をこれほど露骨に我が物にしようという行為は、それこそ大資本による公共財産の強奪《ごうだつ》ですよ」

下田氏がさらに話を続ける。

「在阪の民間鉄道に、地下鉄を買収するだけの財力はありません。仮に上場となれば、証券会社が介在するので、都市銀行や外資などが株を買い取ることになるのではないか。とりわけ金融機関は、今でも貸し出し先がなくてカネがだぶついているうえ、アベノミクスの金融緩和で、それこそカネが余ってしょうがなくなる。こうしたなか、（市営地下鉄が）民営化されれば、黒字が確実な地下鉄は格好の投資対象になる。つまり、投資家や銀行が大儲けするというわけです」

「中之島一家」から「橋下一家」へ

それにしても、市長に就任して一年強で、橋下氏が早々と民営化の道筋をつけた背景には、本書でも詳しく述べているように、やはりかつて「中之島一家」といわれた大阪市の不正・腐敗の元凶である大阪市労働組合連合会（市労連）が、橋下市長の恫《どう》喝《かつ》に屈服したことがある。

大阪市労連最大最強の労組といわれた大阪交通労働組合（大交労組、中山久雄現執行委員長）は、今年一月十六日に行なわれた大阪交通局幹部との団体交渉で、市営地下鉄の民営化に同意した。橋下市長はこのとについて、次のようにコメントし、大交労組の決断を大いに評価している。

「本来、企業体はどうなければならないかということに気づいたんじゃないですか。自分たちの身分が安定するということで、選挙運動や政治活動をしていた。そういうことで自分たちの生活の安定を得るんではなくて、交通局は交通サービスを充実させて、経営を安定させて、給料を安定させる。自分の社長の首根っこをつかみながら、自分の生活を安定させるというのが間違っている。誰に言われたのかわからないが、ようやく目がさめたんじゃないか。正しい労働組合になったんだから、雇用主として対応していく。

非常に歓迎すべきこと。市民にとっても歓迎すべきこと。組合が企業としてサービスを提供するということに目標を切り替えたということで、非常にいいことだ」

こうしたなか、大交労組の中村義男委員長（当時）は記者会見の場で、「雇用確保が前提なら経営形態にこだわらない」と、民営化を前提にした労使交渉を進めていくことを明らかにした。

この二月、地下鉄民営化基本方針案が市議会に提出されたのを受けて、筆者は改めて大交労組に民営化同意の理由を問い質《ただ》したが、大交労組の上野寿治書記長は「労組としては、組合員の雇用の確保が最優先。そのことを当局が約束し、我々の要求である市民サービスも維持していくと回答したから」と答えた。

橋下氏は、市長に就任してすぐに、大阪市労連委員長でもあった中村前大交労組委員長を市長室に呼びつけ、マスコミ陣が見守るなか、選挙の最中、勤務中にもかかわらず同労組が行なった平松邦夫前市長の選挙支援活動のことを厳しく批判し、謝罪させている。このことはテレビでも繰り返し報道されたので、読者の記憶にまだ残っていると思う。そして、弁護士で中央大学法科大学院教授でもある野村修也・大阪市特別顧問が先頭に立ち、まるで警察並みの交通局各部署に対する「家宅捜索」まで行ない、労組の実態を調査していった。

挙げ句のはてには、「アンケートに答えなければ処分する」といった橋下市長の恫喝文を添え、大阪市がまるで捜査権を持っているかのように演出しながら、市職員約三万二千人に対する「思想調査」（注1）、さらには市職員が入れ墨を子供に見せたという嘘《うそ》の報道を口実に、今度は全職員を対象にした「入れ墨調査」（注2）も実施するなど、徹底して職員を攻撃してきた。

特に大交労組に対しては、じつは捏造《ねつぞう》された「推薦人紹介カードの配布リスト」（大交労組が平松前市長を選挙で応援するために、職場で「知人・友人紹介カード」を配布するために用意していたというもの。公務員の職場の政治活動は原則禁止）を持ち出し、それを方便に大々的に攻撃を加えたため、「リスト」があたかも本当に存在しているかのように、大きく報道されることとなった。

この捏造リストをもとに市議会で大交労組を攻撃したのは、大阪維新の会の杉村幸太郎市議だったが、杉村市議は本来、責任をとって辞職するのが筋。しかし同市議は、まるで何事もなかったかのように、次のように京阪電鉄出身の藤本交通局長の手腕を持ち上げ、労使の〝民営化合意〟の評価に話をすりかえていった。

「一月十六日の団体交渉で、民営化に向けての労使の協議が合意したことは、藤本局長の下で風通しのよい独自の労使関係の構築が取り組まれた結果だと聞いている。交通局の労使関係は、適正化されつつある。労使双方が市民に評価される民営化という志を共有しているのであれば、民営化という一つの大きなハードルをクリアしたことになる」(一三年一月三十日、大阪市議会交通水道委員協議会)

捏造リストを使った大交労組に対する攻撃は、それこそ民営化のための仕組まれた陰謀だったことを、自ら吐露したような発言だった。いずれにしても、労使が一体となった「民営化賛美」に、話は帰着していったのだ。

もっとも、大交労組の中には、この労使一体となった民営化方針に対して批判的な声もある。地下鉄運転手の一人がこう言う。

「大交労組が人事にも介入し、勤務時間中にも組合活動と称してデタラメな勤務をしてきたこと、選挙をやってきたこともすべて事実です。市民に信用されていません。本来組合としては、市民の足、財産を守るために、市民のために民営化反対運動をするのが当たり前なのですが、前面に出ると市民の反発を買うので、手も足も出ないのです。橋下市長は、そのことをよく知っているので、組合の弱点を最大限利用して民営化の方針を一挙に進めることができたんです。組合幹部も自己保身のため、民営化に賛成したんです。以前は中之島一家といわれましたが、いまはさしずめ橋下一家ということになりますわ」

　そしてこうも言う。

「とにかく橋下市長になってから、上司は自分の気に入らない部下を、理由にもならない理由でバンバン処分していく。仕事も取り上げ自ら辞めさせるようにもっていく。交通局では民営化のための大幅な賃金カットに加えて、八百人の人員リストラ計画も進めています。一万二千人の大阪市の現業職員のうち、不良職員とレッテルを貼《は》られた二百七十四人に対して、この一月から研修を行ない、勤務態度を記録し、改善されなければ免職もあると、それこそリストラ予備軍づくりを進めている。これを一般職員にも広げるといいます。大交労組は何のクレームもつけない。それこそ労使一体となった〝恐怖政治〟ですわ」

　勤続三十二年の地下鉄運転手は、「仕事には何の問題もないが、上司とうまくやっていけない」という理由で、研修参加を命じられた。それに対して、「納得が行かない」と参加を拒んだところ、二週間の自宅待機、地下鉄運転手としての乗務拒否、そして十日間の停職処分になったという。この地下鉄運転手の処分の理由についての筆者の問い合わせに、交通局は「上司への暴言や独善的な行動があった」としているが、当人は「あくまで意見の違いです。『暴言を吐いた』とはいったい何を指しているのか納得できない。まったく理不尽な処分です」と怒っている。

現業職員に対する免職を視野に入れた研修について、大阪市人事室に問い合わせたところ、次のように答えた。

「研修は無断欠勤や遅刻が目立つ、人事評価が低い職員などを対象に、一月末から二月いっぱいまで行ないました。民間から講師を招いた『やる気を高める』講義などです。三カ月間、上司が勤務態度を記録し、改善されなければ九〜十月に特別研修を行ないます。それでも改善されなければ、免職を視野に入れて対応します」

橋下市長は日ごろから、「税金で食わせる必要はない」「裁判になってもかまわない」と、言いなりにならない職員に対して分限処分の薦めを公言している。それもこれも、民営化のためにやっていることは間違いない。

ところで市バス・地下鉄の廃止には、大阪市議会の三分の二の賛成が必要だ。与党の大阪維新の会、公明党だけでは三分の二に届かず、廃止と民営化に明確に反対している共産党に加え、自民と民主が反対すれば、橋下市長の言う「この二、三月の決着」は図れない情勢にある。

橋下市長は、「雇用の問題は民営化しないと大変厳しい。いまのままだと合理化計画のもとで人員削減をやっていくので、組織として弱体化していき、経営構造が硬直化する。民営化することで、新しい職員をどんどん入れて、組織を発展させていく。民営化のメリットだ。経済の活性化に向けて、大阪府や大阪市に何ができるかと言われるが、民営化は財政出動なしプラス構造改革の経済政策のお手本中のお手本。官から民へお金を流す仕組みにすることで経済が活性化、経済対策にもなる。そして、税を納める主体となり五十六億円にプラスして株式の配当も加わる。民間が努力すれば、税金も上がり、配当も上がる。まさに成長戦略。官がお金を握って官として事業をやるよりも、民が事業をやるというメリットはこういうところに出てくる」（一三年一月二十二日、大阪市議会交通水道委員協議会）

橋下市長には、地下鉄が税金と市民の利用料金で今日の資産を築いたことなど、眼中にないようだ。それこそ、選挙で選ばれた「民意」の〝代弁者〟なのだから、事実上の公有財産の〝私物化〟など平気なのだろう。

冒頭、新年互礼会で橋下市長は、関西財界に「みなさんにしっかりと手綱を引いてもらって僕が崖から転落しないように、どうかみなさん手綱をよろしく御願いしたい」と挨拶したことを紹介したが、橋下市長による地下鉄民営化の推進は、まさに関西財界の手綱であやつられる〝下僕《げぼく》〟を地でいくものだ。

注1　この「思想調査」は、大阪市労連が大阪府労働委員会に中止を申し立てた。これが認められ、担当の野村氏は回収したアンケートを廃棄処分している。その後、市職員ら五十五人が、この調査は憲法違反だとして橋下市長らを相手に損害賠償を求める民事訴訟を起こし、現在係争中。

注2　この「入れ墨調査」のアンケートに応じなかったとして処分された市職員が、橋下市長を相手に損害賠償の民事訴訟を起こし、現在係争中。

第二章　橋下市長の黒い人脈とカネ

詐欺容疑で府警四課に捕まったパー券高額購入者

昨年暮れの総選挙で五十四議席を獲得、衆院第三党に大躍進した「日本維新の会」の橋下徹共同代表（大阪市長）をめぐって、またぞろ黒い人脈とカネの醜聞《しゅうぶん》が明るみに出た。

今年二月十三日、東日本大震災の仮設住宅への融資名目で現金を詐取《さしゅ》したとして、大阪府警捜査四課は、建築会社役員・山本秀典容疑者（五十三歳、大阪市生野区）を詐欺と有印公文書偽造・同行使の疑いで逮捕した。

その後、同容疑者は起訴されて被告となったが、大阪府警捜査四課によると、山本被告は二〇一一年四月、大阪市内の無職の男性（八十歳）に、「東日本大震災による被災者向け特別緊急仮設住宅の発注について」と書かれた経産相名義の偽造文書を見せて、「被災者向けの仮設のプレハブ住宅が福島県で七百五十戸採用され、韓国から輸入するが資金が足りないので貸してほしい」と嘘《うそ》の説明を行ない、計二千五百万円を詐取した疑い。さらに同容疑者は、大阪市内の女性（六十歳）からも同様の手口で、同年四月、現金六千百万円を騙《だま》し取ったとして、三月六日に再逮捕された。

捜査四課によると、山本被告は最初の被害者の男性と四年前に知り合い、別の不動産投資名目などを含め計三億円を騙し取った疑いもある。さらに、ほかの高齢者からも仮設住宅への融資名目で現金を騙し取っていた可能性があるとして、調べを進めている。

じつは、逮捕された山本被告は、自民党の大物政治家と知る人ぞ知る昵懇《じっこん》の間柄であるとともに、橋下市長の政治団体「橋下徹後援会」と「大阪維新の会」の資金集めパーティー券の高額購入者なのだ。

まず、橋下市長のスポンサーで、同市長の特別秘書・奥下剛光氏の母親である奥下素子氏が会長をしている「橋下徹後援会」の二〇一〇年分の「政治資金収支報告書」によると、山本容疑者は、同後援会が同年八月に開いた「大阪都を考える会」のパーティー券六十万円分の購入者になっている。それだけではない、橋下市長が代表を務める「大阪維新の会」の一〇年分の「政治資金収支報告書」によると、維新の会が同年九月に開いた「大阪維新の会懇親会《こんしんかい》」で、山本被告が代表を務める建築会社「ライフサポーター山市」（大阪市生野区）の名前で、四十万円分のパーティー券購入者に名を連ねているのだ。

高齢者を相手に、逮捕、再逮捕容疑となったものだけでも、八千六百万円もの詐取容疑で逮捕・起訴された山本被告とは、どんな人物なのか。地元の業界関係者はこう言う。

「もともと実家が材木屋をやっていた。建築の仕事をやり始めたがうまくいかず、土木をやったりコンサルタントをやったりした。それでもうまくいかず、最後は介護事業にも手を出したが、これも行き詰まって今回の詐取事件を起こした。被害者とは、大相撲の武蔵川部屋後援会で知り合い、融資話を持ちかけたということです」

別の業界関係者は、山本被告が詐取事件を起こして逮捕されたことに驚き、こう言う。

「代表をしている建築会社の名前が業界で知られるようになったのは、ここ十年ほど前からです。マンションを買収したとか、料亭を手に入れたとか、大阪の北新地の高級クラブで芸能人と遊んでいるとか、急成長した羽振りのいい業者ということで、業界でも話題になっていました。今度の事件を振り返ると、悪いことをしてカネをつくってたんですね」

実際、「ライフサポーター山市」が設立されたのは、同社のホームページによると〇五年十二月で、まだ七年三カ月と新しい。

だが、急成長も表向きの話だけで、実態は虚業《きょぎょう》だったようだ。実際、山本被告をよく知る複数の業界関係者は、口をそろえてこう言う。

「山本被告は、カネなんて持ってませんよ」

それにしても、なぜ被害者の高齢者は騙されたのか。実は、山本被告は日ごろから政治家や芸能人との幅広い交遊関係を周囲に自慢、自らブログで宣伝するなどして、相手を信用させてきたのだ。たとえば、その名刺には、なんと関西経済団体連合会（関経連）の評議員や関西経済同友会会員という肩書きを刷り込んでいた。出身校である阪南大学のホームページでも、一一年六月開催の「阪南あきんど塾」の講師の一人、「ＬＳ（ライフサポートの略）グループ会長　山本秀典様」として、こう紹介されているのだ。

「ＬＳグループ（本社：大阪市生野区）は、健やかな暮らしをサポートする建築集団です。家族の絆と健やかなお子様の成長を重視した住宅や、これまでの学校、塾にありがちな無機質なイメージを一変させた、個性を育む学習空間のある学校や塾などを建築し、『人が幸せに過ごす』ということを第一に考えています。

将来、住宅建築、販売、不動産管理など『住』の分野に就職、独立を目指す学生には、ＬＳグループ1社を知ることで建築業界の全体が理解できます。代表の山本秀典氏は現在、（財）関西経済連合会の理事として活躍されており、経済界に幅広い人脈をお持ちです。お父様の築いた材木屋を総合建築業まで業務拡大した山本社長の商売を拡大する感覚、行動力、さらに人脈を構築する魅力に触れてみてください」

ここで言うＬＳグループとは、先の「大阪維新の会」パーティー券購入者として名前が出てくる「ライフサポーター山市」がメインのグループ企業だ。その「ライフサポーター山市」は、山本被告の名刺や同社ホームページでは資本金六千万円、従業員三十五人の「株式会社」になっているが、実際は法人登記もされていない。事件後、同社を訪ねたが、看板も何もかも取り外され、一見したところ、同社とは判別できない。外装は真新しいが元は民家のようで、外から見るかぎり、とても従業員三十五人の会社とは思えなかった。呼び鈴を鳴らしたが応答はなく、隣の山本被告の自宅の監視カメラだけが異様に目立った。

グループ企業とされる別の企業も調べたが、判明した分で法人登記されているのは「日建」（東大阪市）と「山市建築企画事務所」（大阪市生野区）の二社だけ。会社設立は、それぞれ〇三年、〇五年と、ともにここ十年以内のことだ。それも、「日建」は建設業の登録もしておらず、ビルの一室を住所にしているだけで、事実上のペーパーカンパニー。また「山市建築企画事務所」も、約一年半前の一一年十月、大阪府に建築士事務所登録を新規で行なったばかり。年一回、決算書などを添えて業務実積を申告する義務があるのに、この二月上旬現在、まだ申告されていない。大阪府の担当者によると、二月十五日までに申告するよう督促状を出したという。同社は看板はあるが電話も通じず、事務所ももぬけの殼《から》で実体はない。

関経連のホームページには、評議員一覧が掲載（一二年十一月二十日付）されているので、山本被告の名前があることから問い合わせたところ、「株式会社山市建築企画事務所の代表ということで山本様が評議員になっていることは間違いありません」（関経連）という答えが返ってきた。一方、関西経済同友会は「『西日本工業』社長の名前で一〇年五月に入会しているが、逮捕された後、退会届の申し出があった」と言う。関経連などの看板をビジネスというか、詐欺に使っていたということになるが、評議員に選んだ関経連や経済同友会の審査の甘さも問われることになる。

山口組直参の組員と保険金目当ての放火

一部の報道によると、山本被告は、業界紙にタレントの島田紳助との交遊について書いていたという。実際、タレントたちとは、新地の高級クラブやゴルフ場などで遊んでいたようだ。たとえば、タレントのピーター（池畑慎之介☆）のブログ（一一年九月十二日付）を見ると、新地の高級クラブのママとピーターと山本被告が、ゴルフに行ったことが写真付きで紹介されている。スポーツ界との付き合いも深かったようで、一〇年三月、オリックスの本拠地・京セラドーム（大阪市）での開幕試合では、LSグループが冠《かんむり》スポンサーになったこともある。さらに関西のローカルテレビ局のゴルフ番組のスポンサーになったり、元阪神タイガースの掛布雅之氏が所有していたリムジンを乗り回していたこともあるという。

関西財界を代表する関経連の評議員、タレントやスポーツ界のスポンサー……派手な肩書きや交遊関係で知られていた山本被告だが、実は三十代のころに、山口組直参の組員と保険金目当ての放火事件を起こし、懲役七年の実刑判決を受けた〝黒い過去〟を持っていた。

九五年二月十八日付の各紙夕刊報道などによると、九一年六月、大阪府和泉市のレジャー施設をめぐって、同施設の経営者が山本被告に放火を依頼。同被告は知り合いだった暴力団員に放火を指示し、四階建てビルの二階部分の一部を焼失させた。施設の経営者は、保険金三億八千五百万円を受け取り、山本被告に放火の報酬として、約六千万円を渡した疑いで逮捕されている。当時三十五歳だった山本被告は、別の放火事件でも逮捕・起訴されるなど、保険金目当ての放火事件の常習犯だった。現在、五十三歳の山本被告が建築会社を立ち上げたのは、事件の経過からして出所後ということになる。

今回の事件でも、詐取したとみられる総額三億円のカネが暴力団に流れているのではないかとささやかれているが、在阪の社会部記者の一人はこう言う。

「山本被告本人は構成員ではありませんが、付き合いがあることは事実で、山口組系組長との通話記録もあるようです。いわゆる暴力団周辺者に間違いありません。山本被告の持っている金融機関の口座には、三千万円、一億円という不自然な取引が五、六件認められ、マネーロンダリングの疑いもあります。取引のあった複数の金融機関は、山本被告を反社会的勢力と見なしています」

そして、こうも言う。

「新地の高級クラブでタレントと遊び回っていたということですが、タレントとはママの紹介で知り合ったのが真相。政治家もそうですが、パーティーに出て、すぐにツーショット写真を撮って、『すべて知り合い』ということにしてしまう。そうした有名人とのツーショット写真を周りに見せて、人脈を広げたようです。その行きつけのクラブのツケを溜《た》めたままで、ママも怒っているということです」

とんだ詐欺師ということになるが、冒頭で書いたように、自民党の超大物政治家とも、新地や東京・銀座の高級クラブで飲んでいたようだ。その超大物政治家とは、ほかでもない石破茂自民党幹事長のことだ。

今回の事件の三カ月前、昨年一一月に発売された『週刊文春』のスクープ記事「北新地豪遊…石破幹事長〝黒すぎるタニマチ〟との2ショット写真」によると、石破氏と山本被告とは、約二年前、地元大阪市議のパーティーを通じて面識を持ち、それ以来、直接電話でやりとりする関係になったという。石破幹事長は、山本被告の依頼で、二一年は関西経済関係団体の講演や地元生野区選出の自民党市議の応援演説、山本被告が後援会幹部を務めていた元大阪市議の会合、東大阪市議選での応援演説、そして一二年四月にも前出の元大阪市議の会合に出席するなど、少なくとも計五回は大阪入りしているという。その際、新地やミナミの高級クラブで接待を受けたり、山本被告が東京へ出向き、石破幹事長お気に入りの銀座の高級クラブで、大阪の有名歯科医師たちと一緒に飲んだこともあるという。

同誌は、記事掲載時に山本被告から直接話を聞いているが、当人も石破幹事長との関係について、こう認めている。

「確かに石破先生とは約二年前に知人のパーティーで知り合い、それ以来お付き合いをさせて頂いてますが、一度も献金をしたこともありませんし、金銭的なやり取りもまったくありません。銀座や大阪で一緒に飲んだことはありますが、いずれも複数の人間と一緒でした」

そして石破幹事長本人も、同誌の取材に山本被告との交際を認め、こう答えている。

「A氏（山本被告）とは私が恐らく政調会長時代に何かのパーティーでたまたま隣席に座り、挨拶をされてからの付き合いです。A氏の幼馴染みが私の古くからの支援者であったこともあり、〝キチンとした人物だな〟という印象で付き合っておりました。大阪にはA氏から直接依頼を受けたことはありますが、いずれも（講演や遊説依頼を受けた人物が）自民党員であり、党公認の方たちだったので、出向いたんです。その際、A氏の用意した車で送迎されたこともあります。銀座で数回飲んだこともあり、その店で大阪の有名な歯科医師や大阪の歯科医師会会長などの紹介を受けたと記憶しています。しかし、私が支払ったのか、相手側が支払ったのかは、お店に確認して頂かないとわかりません。大阪でも北新地などで飲んだことがありますが、同席した誰が払ったのかはわかりません。またA氏から茶封筒を受取ったことなどありません。

彼の過去や金融機関などから反社会的勢力という認識を持たれていたことは知りませんでしたが、いずれにせよ、政治家は結果責任ですから、かりそめにも批判を受けるような交際は厳に慎まなければならないと思います」

ただし、永田町の政界関係者の一人は、「言われているように山本被告が石破幹事長のスポンサーというわけではない。政界有数の資産家で知られる元自民党衆院議員が本当のスポンサー」と言明している。

この『週刊文春』の記事で、山本被告が有力後援者をしていたと紹介されている地元の元市議とは、現自民党衆院大阪府第一選挙区支部の大西宏幸支部長のことだ。筆者の手元に、一一年五月、大阪市内の高級ホテルでの、当時自民党政調会長だった石破氏を講師にした「大西宏幸後援会・都市研究会長　山本秀典」と印刷された、会費一万円の会合案内がある。その大西宏幸後援会の一一年分の「政治資金収支報告書」によると、山本被告が会長を務める都市研究会の名前で五十七万円を寄付している。

さらに、大西元市議が支部長を務めていた自民党生野区第二支部の一〇年の「政治資金収支報告書」によると、同じく都市研究会の名前で三百九万七千六百八十円、同じ年に「ライフサポーター山市」の名前で十万円を寄付しており、大西元市議のスポンサーの一人であったことは間違いないようだ。

筋の悪すぎる〝スポンサー〟

ところで山本容疑者が、橋下市長の後援会のパーティー券購入者になっている件だが、社会部記者がその経緯についてこう言う。

「タレント人脈や政治家人脈を通じて、橋下徹後援会の奥下素子会長と知り合ったことがきっかけと聞いています。奥下会長の息子で、橋下市長の特別秘書をしている奥下剛光氏とも知り合いだといわれています。人気タレント弁護士から一躍、大阪府知事に当選し、絶大な人気を誇ってきた橋下市長に近づくため、パーティー券の購入者になったんでしょう」

そこで奥下会長と橋下市長に、山本被告との関係について問い合わせたところ、奥下会長サイドからこんな回答が返ってきた（橋下氏側は無回答）。

「山本氏とは平成22年からの知人（素子、剛光とも）であり、選挙を通じ、知人の紹介で知り合いました。過去の前科前歴については知り得ませんでした」

「これまでも特別なつき合いはありませんが、ご指摘のような方（過去の事件のこと、暴力団周辺者であること）とわかった以上今後おつき合いはできません」

それにしても、橋下市長の後援者には、犯罪の過去があるなど、うさんくさい人物や企業が多い。たとえば、最大のパトロンといわれるバブル紳士の富士住建の安原治元社長は、最盛期、住専から約三千億円、ノンバンクから一千数百億円、その他銀行から一千数百億円、総計五千数百億円もの借金を抱えて倒産し、九七年には脱税で逮捕されている。また「橋下徹後援会」が、脱税で摘発された携帯電話会社社長から計二十六万円の献金を受けていたことがマスコミ報道で発覚し、返還したこともある。

さらに、支持団体である「経済人・大阪維新の会」の幹事長である岡本安明氏が会長を務める先物取引会社「岡安商事」には、顧客とトラブルを起こし、被害者に対する約四千万円の損害賠償を裁判所に命じられた過去がある。加えて、維新の会所属の政治家ともなれば、暴力団関係者からの献金や巨額脱税など不祥事には事かかない経歴の持ち主が多い。

最近では、大阪府や大阪市の優良資産や超一等地の不明朗な売却が週刊誌などで報じられるなど、橋下市長の周辺はきな臭さが漂う状況になってきている。そんななか、橋下市長とその特別秘書の奥下剛光氏が、市民団体から給与の返還を求める訴訟や、監査請求を起こされている。

まず今年二月十三日、市民八十人が大阪市市政監査委員に対して、橋下市長の特別秘書・奥下剛光氏に支払われた一二年二月一日から一三年一月末までの間の同秘書業務のうち、大阪市の公務に従事していない間の給与・手当・賞与相当分、五十五万五千三百二十一円の返還請求を起こした。その理由について、市民側は次のように明かしている。

一番の理由として、「『特別職の秘書の職の指定等に関する条例』の制定及び奥下剛光を特別秘書に採用したことの市長としての権限の乱用」をあげている。具体的には、①橋下徹後援会のこの四年間の収支報告書のうち、会長の奥下素子氏とその長男の奥下剛光氏など奥下ファミリーの寄付、パーティー券あっせんが異常に多く、橋下後援会は奥下一族が支えていること、②橋下徹氏は大阪府知事時代、奥下剛光氏を私設秘書として採用し、大阪府に様々な口利きなどをしたとして大阪府のホームページに公表されていること、③橋下市長は大阪市の市長に当選するや、奥下剛光氏を特別秘書に採用するべく、一二年一月、「特別職の秘書の職の指定等に関する条例」の制定を関係部署に準備させた——と指摘している。

市民らの調査によると、全国の政令指定都市のうち仙台市、さいたま市で同様の条例が制定されているが、現実には特別秘書は採用されていない。岡山市には特別秘書制度の条例があるが、秘書になり得る者は弁護士などの法的資格を有する者に限定しているので、大阪市の条例の趣旨と違う。それ以外の政令指定都市には、そもそも特別秘書制度はない、としている。

当然、こうした特別秘書制度をつくる以上、なぜ大阪市にとって特別秘書が必要か、従前の秘書を活用することも可能ではないか等について検討し、税金で雇用される以上、どのような業務をさせるのか、特に橋下市長の場合は日本維新の会代表も兼ねているため、政治活動と大阪市長の本来の秘書業務との業務の区分、混同についての防止などの内部統制システム、特に日常の管理・監督をどうするのか等の事項について慎重に検討しなければならない。しかし、それを検討した形跡がまったくないどころか、「特別秘書の業務について本来なすべき業務の定めは何もない有様だった」と指摘している。

実は、この監査請求には盛り込まれていないが、橋下市長は奥下氏を特別秘書として採用する条例案の説明を市議会で行なった際、「現在の秘書室の秘書で充分ではないか。必要というなら、私設秘書として雇えばいい。税金の無駄使いだ」と自民党市議から追及されたのに対し、奥下氏が私設秘書を兼任することを認め、「私設秘書一人を雇うとなると（お金がかかって）大変なこと」と、税金の私物化といわれても仕方がないような、開き直りの答弁をしたことがある。

この監査請求では、二番目の理由として、奥下氏の給与を「課長級」として高待遇で処遇していることを問題にしている。奥下氏の給与は、採用時月三十八万四千九百四十円、地域手当三万八千四百九十四円の計四十二万三千四百三十四円。それが四月からの職員給与の一律カットで給与三十五万八千六百二円、地域手当三万五千八百六十円の計三十九万四千四百六十二円に減額されたが、夏のボーナスは八十一万八千八百三円、冬のボーナスについても先の衆院選の選挙期間中「休職」していたにもかかわらず、七十四万三千九百五十四円も支給され、一二年十二月十日までに支給された総額は五百五十六万五千三百二十一円にもなっている。

三番目の理由としてあげているのが、奥下氏の秘書業務の内容が一切不明になっていることが、情報公開請求によって判明したということである。この市民グループは、「特別職の秘書の職の指定等に関する条例」の制定経過に関する文書など八点について情報公開請求したのだが、「条例制定の経過報告に関する文書」に対する回答としては、稟議書《りんぎしょ》が一通あったが肝心の特別秘書の必要性などについて、記載されている文書ではなかった。秘書としての業務内容を定めた文書や、採用した理由を示す文書、出勤を示すタイムカードなどの文書もない。また、大阪市の庁内会議に参加したことを示す文書もなく、大阪市の公務について活動したことを示す文書もない。開示されたのは、給与のみだった。情報公開の結果、特別秘書の業務について、条例制定時はもちろん、秘書に従事した業務実態を示す日誌・報告等、いっさいないことが判明し、奥下氏が日常何をしているのかはまったく不明。しかも、同秘書を上司が管理する内部システムもまったくなかったことまでわかった。

公金にたかる闇の勢力

ところで、奥下氏のツイッターを見ると、いわゆる酒と女と遊びの話、そして橋下市長のテレビ番組出演の告知、あとは先の総選挙で橋下市長の全国遊説に同行した話ばかりで、それこそ税金をもらって市の仕事をする公務員とはとても思えない。それこそ、橋下市長の考え方からすれば、真っ先にクビにすべき勤務放棄、長期間休業の悪質・不良公務員そのものなのだ。

こうした勤務実態があるため、先の監査請求は最後にこう指摘している。

橋下市長は、一般職の大阪市職員の政治活動などの制限については、条例までつくって事細かく行為を制限しているが、自ら採用した特別秘書の業務については、市内部において同秘書に関する業務の点検・監視・監督することはおろか、内部統制システムさえまったくつくっておらず、いわば秘書のやりたい放題で、秘書を管理監督することは不可能——。

さらに、奥下氏の特別秘書採用は、橋下市長が自らの後援会を支えてくれた幹部の息子を私設秘書から特別秘書に採用する際、「税金で恩返しする」こと、つまり「市政の私物化」であり、俗物、癒着《ゆちゃく》政治家の典型的な一例。裁量権の逸脱であり違法であるから、奥下氏への給与の支給すべてが違法——と断じている。

じつは、市民が奥下氏の給与の全額返還を監査委員に請求する直前、当の奥下氏が突然、「ツイッターとフェイスブックお休みさせていただきます」（二月一日）と宣言。翌二月二日、「いえまあ今週いろいろありまして疲れただけです。というか嫌気がさしてきたんでしばし休ませて頂きます」とツイート。以降、ツイッターは休止したままだ。おそらく、大阪市の仕事を何もやっていないことが、情報公開請求で明らかになり、その根拠として自身のツイッターが引用されることを知り、慌てて休止したと見られている。監査請求が却下されれば、市民グループは訴訟に持ち込むことも予想されるため、事前に防護策を取ったのかもしれない。しかし、時すでに遅しで、まさに税金泥棒の足跡はこれまでのツイッターからも一目瞭然、今さら消し去ることはできない。

そして今年二月十五日には、市民グループ「見張り番」のメンバーが、昨年暮れの総選挙の期間中、市政を放り出して「日本維新の会」のために全国遊説したことは「政治的中立の義務（政治的中立性を確保するための組織的活動の制限に関する条例）」違反、地方自治法の「誠実管理執行義務」違反にあたるとして、八十二万円の給与返還訴訟を大阪地裁に起こした。

訴状によると、橋下市長は選挙公示前の一二年十一月十七日、「日本維新の会」の代表に就任したが、同年十二月十七日の総選挙投票日まで、大阪市長としての活動は、十日間は「公務なし日程」、十二月中の十六日間は「公務なし日程」と、三十一日間のうち二十六日間の長期にわたって「公務」を放棄し、「日本維新の会」の代表代行として全国遊説などの政治活動に専念していたという。

橋下市長はこのほか、旧大阪ＷＴＣ（ワールドトレードセンター）移転訴訟や思想調査など、歴代の首長としては異例ともいうべき数の住民訴訟を起こされており、今後も暴走市政を続けるかぎり、その数は増えることはあっても減ることはないだろう。一部では、大阪市を壊すだけ壊しておいて、後は知らぬとばかりに国政に転出するという情報も飛び交っているが、橋下氏をめぐる黒い人脈とカネは、今後も連綿と続いていくことは確実で、公金にたかる闇の勢力は、同氏が市長の座にいるかぎり、笑いが止まらないだろう。

第三章

裏切り——大阪市政改革の「正体」!!

弱者切り捨ての市政「改革」

「なんでこんなに保険料が上がるんや」

二〇〇六年（平成十八）六月中旬、大阪市平野区役所には、朝の開庁時から国民保険料の確定通知書を手に区民数百人が連日、抗議・相談のために押しかけ、窓口はパニック状態になった。その人数は通知書発送後四日間で三千人にも達した。

大阪市が〇六年度から国民保険料の算定方式を「住民税方式」から「所得税方式」に変更したことで、住民税非課税などの低所得者や高齢者の保険料が跳ね上がり、大阪市の試算でも最高で〇五年の四・三倍にもなったためである。市内各区役所でも平野区と同様の光景が見られ、抗議・相談者は六月末までに全市で十二万四千人を数えた（電話を除く）。この数字は、大阪市の国保加入者の五分の一にあたるもので、苦情のすさまじさを物語っていた。この二月下旬、關淳一《せきじゅんいち》市長は初めて公約の市政改革マニフェストを反映させた〇六年度市予算案を発表した際、「一〇〇点満点」と自画自賛した。しかし、国保料の大幅値上げに対するかつてない市民の怒りは、同マニフェストなるものが、弱者切り捨ての市民負担増マニフェストであることをはからずも露呈させる結果となった。

○六年度市予算での市民負担増は、国保料の値上げだけではない。粗大ごみの有料化や人口呼び込みを目的に実施してきた新婚世帯家賃補助の減額、市内居住者の火葬料の値上げ、生活保護世帯の市営交通・下水道料金の減免措置の廃止、さらに存続運動が起きていた児童館（十館）、勤労青少年ホーム（二十五館）の廃止など、市民サービスにも大ナタが振るわれた。

その一方で、凍結されていた高速道路淀川左岸線二期工事（総事業費千二百六十億円）の再開にあたり、用地買収費として十五億円を計上、無人島に地下鉄を通す夢洲《ゆめしま》トンネル工事に約百八億円、新人工島整備に約八十七億円、夢洲コンテナ埠頭と土地造成に二十億余円や梅田北ヤード開発に四億三千万円など、ムダと浪費の大型開発に約二百五十億円の予算を計上。また、同和対策事業特別措置法が失効（○二年三月末）しているにもかかわらず、百三十億円の「同和」特別予算（共産党大阪市会議員団調べ）をつけるなど、相変わらず、大規模開発、同和優先の市政を継続した内容なのだ。

市民負担増の元になっている「市政改革マニフェスト」（市政改革本部案＝本部長・關市長、本部長代行・大平光代《おおひらみつよ》助役＝当時）が最初に発表されたのは、「厚遇問題」で市民の批判と不満が最高潮に達した○五年九月二十七日。「強力な拘束力を発揮する」と明記された「マニフェスト（案）」の中身は、規制緩和や「官から民」という小泉内閣の「構造改革」路線を全面的に受け入れ、「大阪市政に民間経営の仕組みを導入」するとともに、財政危機克服のため「人口と税収に応じた身の丈サイズに、事業・組織・予算・人員をスリム化」するというものである。

具体的には、主要六十七事業を対象に市民サービスの全面的カット、公立保育所などの民営化・民間委託を一気にすすめるとともに、「職員厚遇」批判を逆手にとって、五年間で七千人（のちに一万二千人に修正）もの職員削減を行ない、二千二百五十億円の歳出を削減するという、大「大阪リストラ計画」である。

このマニフェストの作成作業には市民の意見が反映される場がない、という指摘を受けて、市政改革本部長代行だった大平助役（当時）が、「市民に一から勉強してもらっては間に合わない」（〇五年三月市会）と答弁したことが示すように、このマニフェストには市民や議会、労働組合などは外に置かれたまま、まとめられたものだった。

関西財界主導の「改革」

それでは、市の役人だけで作成したかというと、そういうものでもなかった。ズバリ、関西財界の意向を反映したものだった。というのも、大阪市は〇五年五月九日、関西経済連合会、関西経済同友会、大阪商工会議所の経済界三団体と懇談会を開催し、四者で大阪市の市政改革に関する意見交換の場として「大阪市政改革懇談会」を設置し、今後、三カ月に一回の割合で同懇談会を開き、大阪市長が進捗《しんちょく》状況について報告、経済界からは改革に対する意見を出して市政改革に反映していく、との確認書を交わしていたのだ。第一回目の懇談会開催後、記者会見した關市長は「各団体の首脳から大所高所からご意見をうかがい、改革に反映していきたい」と表明していた。

「マニフェスト（案）」発表前の九月一日、関西経済同友会が關市長に市政改革に対する緊急提言を手渡し、ここで①希望退職の募集、年棒の引き下げ、業績評価主義の徹底、②道路管理、学校給食、ごみ収集等の現業部門の全面外部委託、③交通局、上下水道等の公営企業は独立行政法人化・株式会社化を断行、④市会議員の大幅削減、議員報酬の削減、海外視察等の自粛を断行、⑤特別職、幹部に民間人から人材を登用——を要求した。見たらわかるように、発表されたマニフェストは、市会議員に関する要望を除いて関西経済同友会の提言をそのまま受け入れたものだった。

もともと關市長の下での「市政改革」は、深刻な財政危機や三セク（第三セクター）破綻《はたん》が相次ぐなか、〇四年六月、小泉首相（当時）のブレーンの一人で、国の「経済財政諮問《しもん》会議」民間議員だった本間正明大阪大学大学院教授を座長に「都市経営諮問会議」を発足させたのが始まり。出発点は、小泉流の「構造改革」路線を大阪市政にも持ち込もうというものだった。しかし、本間教授が自らが市顧問に就くことを提案したことから、大平助役（当時）が「（本間教授は）名誉や地位が見え隠れする」と発言し、激しく対立。関係者の間で本間教授と大平助役の「場外乱闘」と皮肉られたが、〇五年三月、同教授は事実上、諮問会議の座長を解任され、同会議も解散した。折からの「職員厚遇問題」での市民批判を受け、〇五年四月、上山信一《うえやましんいち》慶応大学教授ら外部委員を加えた「市政改革本部」をあらたに立ち上げ、「市政改革マニフェスト」づくりをすすめてきた。

「マニフェスト（案）」発表に先立ち、關市長は九月二十一日、組合と太いパイプを持ち、「陰の市長」と呼ばれていた土崎敏夫《どざきとしお》助役と同助役の腹心といわれた森下暁市長室長の解任、更迭《こうてつ》をあきらかにするなど、小泉流の市役所内「守旧派」対「改革派」のイメージづくりを演出した。それでも、「厚遇問題」に対する市民批判は止まず、市政運営に行き詰まった關市長は十月十六日、突然、辞意を表明。市長選挙に再出馬して、「改革」に対する市民の信を問うことをあきらかにし、同十八日、市長を辞職した。關市長の辞意表明に、改革の「看板」だった大平光代助役も辞意を表明し、同十七日、わずか九行のコメントを残して辞職した。關市長の辞意と再出馬に対して、与党からも批判の声が上がり、自民党の元市会議長が一時、出馬を表明するなど与党陣営は迷走したが、関西財界だけは關市長の行動を一貫して支持した。

十一月二十七日投票で行なわれた市長選挙で、市政改革マニフェストと同じ内容の選挙マニフェストで小泉流のみそぎ選挙に打って出た。關市長は、自民・公明の推薦を取り付けたが、同市長選挙としては、過去最低の得票数と得票率でなんとか再選を果たした。

開票日、当選が決まった關事務所で、「経済界を代表」してお祝いの挨拶に立った、大阪商工会議所副会頭の小池俊二日本商工連盟大阪地区代表は「立候補に当たり、(關市長の公約を)厳密に検討した。市政改革を全面的にバックアップしたい」と、關市長に「市政改革マニフェスト」の実行を改めて迫った。

「市政改革マニフェスト」は、選挙後の〇五年十二月、市政改革本部案から「市政改革マニフェスト(市政改革基本方針)(案)」となり、〇六年二月、正式に「市政改革マニフェスト(市政改革基本方針)」になった。市政改革マニフェストは、自民、公明に加えて、再び關与党に舞い戻った民主党からも支持を得た。

小泉流「都市改革」

ところが、「市政改革」をめぐって、年明け早々、關市長が大平前助役に市の法律顧問就任を要請。同氏はこれを受諾した。しかし、突然辞職し、姿を消すなど大平氏の助役辞任時の姿勢に不満をいだいていた自民党など議会与党が強く反発したことから、結局、就任を辞退することになった。怒りがおさまらない大平氏は、この後、前年十月の助役辞任の理由を「口利き問題で自民党議員から圧力を受けたから」と暴露、議員定数半減など「議会改革」を外からすすめると、マスコミのインタビューで答えたことから、大平前助役と自民党など市会与党の本格的な「場外乱闘」が勃発《ぼっぱつ》。

批判の矛先《ほこさき》は、与党が改革の手法に不満を持っていた「改革の司令塔」、市政改革推進委員長の上山信一慶大教授にも向けられ、三月十四日に開かれた市会財政総務委員会で、自民党市会議員団の大丸昭典《だいまるあきのり》幹事長が、改革本部が〇五年度に実施した事業分析調査のうち三件が、上山教授の知人が代表を務めるコンサルタント会社と随意契約し、計二千六百七十五万円支払うなど、不明朗な契約実態を暴露。市側は同委員会で、「上山教授に推薦をお願いし、会社を選んだ」と、上山教授の紹介だったことを認めた。また、市は、同教授の改革本部員の報酬として〇五年度約百八十万円、交通費約二百七万円を支払ったことをあきらかにした。これに対して同教授は、同日夜、緊急記者会見を開き、契約は「問題ない」と反論。報酬額が公表されたことについて、「市は私の了承なく公表した。議員の圧力でなんでも公開するのか。個人情報保護法違反だ」(「毎日新聞」〇六年三月十五日付)と、猛反発し、大平前助役を顧問弁護士にして、損害賠償請求の検討を依頼したことをブチあげた。

その後も、上山教授が「地下鉄は公設民営化ではなく完全民営化（民間に譲渡）すべきだ」と発言し、これを受けて、關市長が「公設民営化を前提とする方針を白紙撤回し、完全民営化も視野に入れて経営形態を見直す」と答弁したことが問題になり、議会各会派から「出すぎた発言」「市職員の改革で十分やっていける」「完全民営化は、財界による市民の財産乗っ取り」と批判の声が上がった。

まるで、市長や議会の上に君臨するような、それこそ出すぎた発言を繰り返す上山教授の思惑がどこにあるのかは、教授が昨年（〇五年）十一月の市長選挙に関して発信した、「電子自治体メールマガジン」のコラム「上山信一の『続・自治体改革の突破口』」（同年十二月一日付）で、あけすけに語られている。

いわく、「今後の市政改革には、外部の応援と監視が不可欠」として、「第一に、財界が果たすべき役割が大きい。財界は九月末にこぞって『改革マニフェスト案』の支持を表明した。十月の關氏辞任・再立候補の際にもいち早く、支持を表明した。支持したからには財界も責任を負う。十二月からは、財界人を交えての新生『都市経営会議』が始まる。その場を通じて市政改革をガイダンスし、監視しなければならない。また、市政改革本部にも民間の人材を供給しなければならない」。

つまり、大阪市政への財界の関与が第一というのである。

そして、「第二に政府・与党の責任が重い」として、「これまで、閣僚は大阪市を自治体の放漫経営の典型としてきたが、竹中総務大臣が応援演説し、また地元でも自民・公明両党が關氏の再選を推薦した。ここまでやった以上、政府は大阪市役所を全面的に支援しなければならない」「大阪市役所の『改革マニフェスト』は、政府が目指す自治体改革を先取りしたもの」。

市の改革マニフェストは、小泉内閣が目指す自治体改革の先取りだというのである。大阪市政改革の「司令塔」である上山教授が関与を露骨に求めている関西財界は、それこそ「大阪破綻」の最大要因である湾岸開発の提案者であり、そのことでタップリ税金食いをした、社会的強者である。そして、自民・公明など政府・与党は、大阪市政では今回の「改革」の発端になった「職員厚遇」問題の当事者であり、關市長とともにその責任が問われている。上山教授が市民に提示した選択肢では、あの十七年前（八九年）の公金スキャンダルのときと同じく、市民不在の「市政改革」でしかないことは、はっきりしている。

何より、「改革」の司令塔として模範を示すべき立場にある上山教授には、市との契約をめぐってのスキャンダルが露見している。そうした人物が率いる「改革」で、どうして今の大阪市政の危機を打開できるというのか。大いに疑問だというのが筆者の結論である。

第四章 最大のタブー「同和問題」の闇

泥沼三十年‼「官製談合」発覚

大阪市政最大のタブーは、なんといっても同和問題である。正確にいえば、「部落解放同盟」問題である。その部落解放同盟の最大の拠点である大阪人権センター（旧部落解放センター）に、捜査当局が家宅捜索に入ったのは、二〇〇六年（平成十八）一月十二日午前のことである。

前年秋、大阪地検特捜部は大阪市発注の街路樹維持管理業務委託をめぐり、競売入札妨害容疑で同市ゆとりとみどり振興局の調達係長と造園業者「H造園」（大阪市）の取締役らを逮捕したが、捜査の過程で大阪府同和建設協会（同建協、会長・岸正明岸組社長）の加盟業者が独占的に受注できるよう優遇するなど、いわゆる「同建協方式」が慣例化していたことが判明。年が明けて一月十一日、あらたに同振興局の庶務課長、課長代理、同建協加盟業者の「N植栽」（大阪市）の元社長ら四人を逮捕し、その一環として大阪人権センターに入居している同建協本部を家宅捜索したというわけである。

この日午前、同建協本部への家宅捜索の情報を得た筆者は、部落解放同盟大阪府連や同建協が入居している大阪人権センターに走ったが、ちょうど、地検の捜査員約十人が押収資料の入った段ボール箱を運び出すところだった。筆者は七〇年代半ばごろから三十年余り、武装集団化し、「泣く子も黙る」といわれた「部落解放同盟」問題を取材してきたが、知る限りでは捜査当局が解放同盟の本拠地ビルの家宅捜索をしたのはおそらく初めてのことだ。そういう意味では、三十三年間続いた国の同和対策事業特別措置法（同特法）が完全失効（〇二年三月末）してから四年近くなるが、時代の変化を強く感じざるを得なかった。

さて、話を入札妨害事件に戻すが、逮捕された同振興局の係長、課長代理、課長は、〇四～〇五年に実施された街路樹維持管理業務委託など二十七件の指名入札で、同建協加盟の十二業者が落札できるよう入札指名選定案を作成、了承するなど、「官製談合」で公正な入札を妨害、「H造園」の取締役はうち一件の入札で、「N植栽」の元社長は四件の入札で同建協加盟業者と談合し、不正に落札したというもの。大阪市役所内では、同建協加盟業者に優先的に受注させる事業は隠語で「マル物件」と呼び、事件の舞台になった同振興局では、本来、課長のところにあるべき決裁印を係長に預けっ放しにし、同係長が、「H造園」取締役や「N植栽」元社長ら有力業者の意向に沿って、入札指名選定案を作成していた。

〇五年十二月六日に行なわれた調達係長と「H造園」取締役の初公判で、検察側の冒頭陳述などによると、大阪市発注の造園工事では官製談合が慣例化、五、六年前から「H造園」が業界の談合を仕切ってきたという。そんななか、〇四年秋、業界紙が「N植栽」が十年連続で大阪市立天王寺《てんのうじ》動植物公園事務所管内の街路樹維持管理事業を落札、談合を繰り返していたことを報道。対応に困った調達係長が「H造園」取締役に相談し、同取締役が「N植栽」を説得し、連続落札を断念させた。「H造園」が談合で落札したのは、〇五年四月入札があった三千二百万円の街路樹維持管理業務委託事業で、さきの「N植栽」説得の見返りとして、「H造園」取締役が「そろそろええもん取りたい」と要求。これに調達係長が「何ぼくらい？」と二つ返事で応じ、「H造園」取締役が「三千万円以上がええな」と言い、調達係長が入札事業を提示し、「官製談合」で、「H造園」が落札できるよう指名業者を選定したという。

年が明け、「H造園」の取締役に続いて逮捕されることになった「N植栽」の元社長は、〇三年六月、大阪地検特捜部が摘発した、大阪市が発注し日本鋼管（現JFEエンジニアリング）が約三百億円で受注したごみ焼却施設「平野工場」建設をめぐり、同市環境事業局のT担当部長（当時）収賄事件で、元請け選定情報の提供の見返りとして同部長に三千万円のワイロを渡したとして贈賄容疑で逮捕（〇三年七月）されたいわくつきの業者だった。業界では強引に下請け参入を図る業者や暴力団対策などを行なう「さばき屋」として知られていた。

〇六年五月に行なわれた市元庶務課長ら三人の公判で、同元庶務課長は、同建協加盟業者への優遇について、「三十年以上、オール大阪（大阪市全体）で当たり前のように行なわれていた。市長も含め幹部職員ならだれでも知っていた」と証言。元調達係長は〇二年三月の同特法失効後、財政局が各局に「同建協方式を継続する」と伝えたとも証言する。

大阪市内のある同和建設協会加盟者も筆者の取材にこう証言する。

「談合は当たり前。（旧同和）地区内の公共事業を受注した場合は、受注額の一定割合を地元の解放同盟にカンパする。市の担当者にも当然、あれこれ謝礼をする。ワシがしゃべれば、一人や二人、役人のクビが飛ぶ」

五月十五日に行なわれた論告求刑公判で、検察側は競売入札妨害事件について、「同和問題で波風を立てず、役所内で自分の立場を守るための自己保身による犯行」と指摘した。八月十日、同事件の大阪地裁判決があり、同地裁は元庶務課長ら市幹部三人に懲役一年二カ月～一年、執行猶予三年の有罪判決を言い渡した。判決は、同建協加盟業者だけを指名業者に選定した「同建協方式」について、「少なくとも同特法失効後は、不公正、不当な方式だったとの非難は免れない。談合の温床になっていた」と指摘。同建協加盟業者に落札させる事業を市役所内で「マル物件」と呼ぶなど、「職員が外部への公言がはばかられる違法で不公正な方式と認識していたことは明白」と断罪した。

暴力団の資金源になった同和対策事業

さて、ここで取り上げている同建協とは何か、その設立の経緯と現状について報告しておく。府同建協が設立されたのは、一九七〇年六月。同会の設立趣意書によると、「本会は部落解放同盟大阪府連の指導協力のもとに運用されるべきであり、……解放運動への自主財源獲得の基盤として、重大な役割の一端を果たすべく設立された」と、部落解放同盟大阪府連の直轄団体であることを明記。設立を報じた当時の部落解放同盟の機関紙『解放新聞大阪版』は、「もうけてカンパを　同和向の建設事業を協会で」(七〇年七月十五日付)との見出しで、同建協の使命について、「部落解放同盟大阪府連、解放運動への物心両面の援助をすること」とし、「部落解放同盟の指導と協力にもとづき行政がおこなうすべての建設工事を、本協会を通じ協会員相互の部落解放理念にもとづき、各工事のわりあてをおこない、建設工事の消化に努力すること」と、設立当初から、同建協加盟業者(以下、同建)間の談合を公然化していた。

その部落解放同盟への物心両面の支援について、さきの大阪市内の同建業者は、地元の解放同盟へ落札額の一定割合をカンパすると明かしたが、解放同盟幹部は、「(会員は)請負金額の〇・七%を同建協に上納」(大賀正行元部落解放同盟大阪府連書記長著『部落解放理論の根本問題』解放出版社）することが義務づけられている、解同府連の資金源になることもあきらかにしている。

大阪市は、一九六九年の同和対策事業特別措置法の制定から〇二年三月末失効までの三十三年間に、一兆二千億円もの予算を同和対策事業に投じ、逆差別や利権などさまざまなゆがみを生み出した。同建協は、同和対策事業を独占できることから、部落解放同盟や同建協の構成員と深い関係にある暴力団山口組の格好の資金源となってきた。

現在、府同建協の会員は、三百五十社。同和対策事業だけではなく、一般の公共事業にも進出し、〇四年度決算で同建業者は、大阪市発注工事（財政局契約課分）の全件数の一二％、全金額の二一％を占めている。このため、一般業者が同建協加盟業者に手数料を支払い、工事を落札する例も出るなど、公共事業でも、「同建協にあらずんば人にあらず」の逆差別状態を作り出し、建設業界でも不満と不信が渦巻いていた。

大阪市は、毎年、予算編成時に大阪府同和建設協会と定期懇談会を行ない、各部局の担当者が出席するなど、同和優遇を続けてきた。その結果が、市課長らが逮捕された「官製談合」事件だが、究極の同和優遇策の象徴として、〇六年五月、大阪府警が摘発したのが飛鳥会《あすかかい》事件である。

飛鳥会とは、部落解放同盟飛鳥支部（大阪市東淀川区）の小西邦彦《こにしくにひこ》支部長（逮捕当

時、七十二歳。事件発覚後、解放同盟は除名）が理事長を務める財団法人で設立は七一年。事務所は同飛鳥支部と同じで、両者は一心同体の関係にあった。六七年、「暴力団より金儲けができる」（〇六年十月六日、初公判での冒頭陳述）と飛鳥支部の支部長に就任し、六九年から施行された同和対策事業にともなう旧同和住宅建設の用地買収で金儲けのうまみを覚え、利権漁りのため、別に飛鳥会を設立。七五年には大阪市議会で現飛鳥人権文化センター（旧飛鳥地区解放会館）用地をめぐる土地転がし疑惑を共産党に追及されたこともある。その利権漁りの一つが、駐車場料金約一億三千万円を着服、業務上横領容疑で小西支部長が逮捕（五月八日）される事件の舞台にもなった、西中島駐車場（大阪市淀川区）問題である。同駐車場は、大阪市の外郭団体・市開発公社が経営しているが、七四年の開設以来、「同和対策事業の一環」を理由に、飛鳥会に運営を委託してきた。この事業委託には納付金制度はなく、飛鳥会が開発公社に納入するのは、道路占有料と設備使用料だけで、駐車場の料金収入は全額飛鳥会の収入になっていた。

このため、翌七五年十二月の大阪市会決算特別委員会で、共産党の姫野浄前大阪市議（淀川区選出）が、西中島駐車場の委託事業で、大阪市が飛鳥会に便宜を図り、不当な利益を得させていることをあきらかにし、部落解放同盟言いなりの不公正・乱脈な同和行政の是正を要求した。この質問に対して大阪市側は、七六年度から年間八十

愛読者カード

このハガキにご記入頂きました個人情報は、今後の新刊企画・読者サービスの参考、ならびに弊社からの各種ご案内に利用させて頂きます。

●本書の書名

●お買い求めの動機をお聞かせください。

1. 著者が好きだから　2. タイトルに惹かれて　3. 内容がおもしろそうだから
4. 装丁がよかったから　5. 友人、知人にすすめられて　6. 他の本の広告で見て
7. 新聞広告（朝、読、毎、日経、産経、他）　8. その他（　　　　　　　　）

●定期的にお読みになっている雑誌名をお聞かせください。

（　　　　　　　　　　　　　　　　）

●月何冊くらい本を読みますか。

（　　　　　冊）

●本書をお求めになった書店名をお聞かせください。

（　　　　　　　　　　　　　　　　）

●最近読んでおもしろかった本は何ですか。

（　　　　　　　　　　　　　　　　）

●お好きな作家をお聞かせください。

（　　　　　　　　　　　　　　　　）

●お読みになりたい著者、テーマなどをお聞かせください。

●本書についてご意見、ご感想をお聞かせください。

郵 便 は が き

切手をお貼りください

170-8457

東京都豊島区南大塚
2-29-7
KKベストセラーズ
書籍編集部行

おところ〒

TEL ( )

(フリガナ)
おなまえ

年齢 歳
性別 男・女

ご職業
会社員（事務系、技術系）
公務員（事務系、技術系）
教 職（小、中、高、大、その他）
無 職（主婦、家事、その他）
学生（小、中、高、大、その他）
自営（商、工、農、漁、医、その他）
自由業（ ）
その他（ ）

ご勤務先または学校名

万円だけ納付を求め、その後、徐々に引き上げ、八三年から百六十万円になっていた。市議会で共産党が料金収入に見合わない、少なすぎる納付金額について再三追及したため、九一年、大阪市は駐車実態調査で、年間の料金収入は飛鳥会からの報告の三倍、二億円と試算。納付金の妥当額を年額七千万～八千万円と算定したが、「小西支部長にはとうてい聞き入れられない」とあきらめ、単純に月額百万円、年額千二百万円という数字を出し、小西支部長側と合意したが、いざ、徴収する段階になって、「そんな話は知らん」と拒否され、破棄されたという。以降、九二年度三百六十万円、九三年度七百二十万円、九四年度九百万円と段階的に引き上げることで、再び合意したが、実際は七百二十万円を六百万円、九百万円を八百万円に値切られ、そのまま、据え置かれたという。

大阪市の市議会への報告によると、〇四年度駐車台数は四万四千三百四十台、駐車代金七千百五十五万円となっているが、じつは、この報告書は十九年前（八七年）から開発公社が捏造し、過少申告していたことが判明。実際はこの三十年間で駐車場の総収入は、総額約五十億円にのぼり、公社が作成した収支報告書の料金収入は、その三分の一の約十八億円で、実収入との差は三十億円以上にもなっていた。

このうち、判明した分だけで九八年度から二〇〇四年度の七年間で約二億六千八百万円（立件は一億三千百二十万円）を旧ＵＦＪ銀行（旧三和銀行、現三菱東京ＵＦＪ

銀行）淡路支店（東淀川区）の飛鳥会口座から同支店の小西支部長個人口座に振り替えて着服。このなかから、一千万円で知人女性の宝飾品や女性用アクセサリーを購入、棺おけ代として五百万円支払っていた。また、妻名義の口座に毎月百万円、長男名義の口座に同三十万円を振り替えていた。小西支部長の着服を手助けしたとして、三菱東京ＵＦＪ銀行（旧三和銀行）淡路支店の次長兼法人課長が、幇助《ほうじょ》容疑で逮捕＝処分保留で釈放＝されたが、旧三和銀行と小西被告との取引は、七〇年代から三十年間にわたって続き、同行は法人課長を飛鳥会事務所に派遣し、経理を担当させていた。のちに触れる（八十二ページ参照）が、小西支部長が関西の闇社会で錬金術師として暗躍できたのも、〝貯金箱〟旧三和銀行から巨額の融資を引き出すことができるだけの親密な関係があったからである。小西支部長、支店法人課長逮捕後の六月十三日、府警から参考人として事情聴取を受けていた二代前の淡路支店、法人課長である、三菱東京ＵＦＪ銀行前萩ノ茶屋支店長が、乗用車の中で排ガス自殺した。

健康保険証の不正取得

この事件では大阪市立飛鳥人権文化センターの入江和敏館長（当時）が、小西支部長の指示で、小西支部長の妻や元山口組系暴力団組長、元国家公安委員長の村田吉隆衆院議員の元私設秘書で右翼団体関係者とその家族など計七人を、同センター内に事務所を置く大阪市飛鳥人権協会（旧大阪市同和事業促進飛鳥地区協議会、小西邦彦相談役）の職員と装わせて、健康保険証を不正取得させていたとして、六月十九日、詐欺容疑で逮捕された。歴代館長の「引き継ぎ事項」で、飛鳥会の法人印を同人権文化センターに保管し、監督官庁の大阪府に提出する飛鳥会の法人調書を作成したり、西中島駐車場の利用実績報告書に押印するなど、小西支部長の秘書役が主な仕事だった。元館長の一人は、小西支部長が理事長を務める社会福祉法人「ともしび福祉会」の理事に天下っていた。

入江館長が飛鳥人権協会職員と偽り健康保険証を不正取得させていた人数は、小西支部長の専属運転手や財団法人飛鳥会が運営する旧同和浴場の従業員などを含めると約二十五人にのぼっていた。また、同館長は、同支部長のボディガード役をしていた山口組直系組長の知人女性を、小西支部長の長男が代表取締役で、同支部長も役員に就任している不動産管理会社の従業員と装わせ、健康保険証を不正取得させていた。同社は実体のないペーパーカンパニーで、組長の知人女性に対して給与名目で月々約二十万円、二年間で計約五百万円を支払っていた。このカネは、用心棒代と見られているが、その暴力団組長とは、のちに不動産会社社長を脅し土地の転売に関する誓約書を書かせたとして強要未遂容疑で大阪府警に逮捕された（八月四日）、天野組組長のことである。

大阪市内の不動産会社社長と共同で、大阪府四條畷《しじょうなわて》市内の霊園開発予定地競売で落札したが、その際、天野組長は買収資金五億円を小西支部長から借金。天野組長は、この土地を別の山口組直系組長に約八億五千万円で転売する予定だったが、同組長側から不動産会社社長名の誓約書の提出を求められていた。五億円の借金は、一億六千万円上乗せして、小西支部長に返済する約束になっていた。

この強要未遂事件の捜査の過程で、天野組長が抗争事件で大阪拘置所に収監中、房を変更してもらった見返りに同刑務所の刑務官（懲戒免職）に乗用車を譲ったり、家族旅行の費用を出すなどしていたことが浮上し、八月十九日、同刑務官と同組長が贈収賄容疑で逮捕されたことも、付け加えておく。

ヤミ社会の錬金術師

財団法人飛鳥会は、小西支部長の逮捕容疑の舞台になった駐車場のほか、市有地の無償提供を受け、共同浴場「あすか温泉」「パール温泉」の二カ所を経営。共同浴場は、同和対策事業として毎年、大阪市が補助金を交付し、九六〜〇一年度だけでも計約五億九千万円になる。同特法失効後も、経過措置ということで、〇四年度までに計八百十万円の補助金を交付していた。また、二カ所のうちの一つ、「あすか温泉」の改修工事のため、市は九六〜九七年度に計二億五千万円の補助金を出している。小西支部長はこの補助金で共同浴場の上に賃貸マンションを建設し、収入を得ていたが、市はこれを事実上、黙認していた。このほか、飛鳥会は、大阪万博記念公園で売店を、飛鳥人権文化センターで喫茶店を、大阪駅前ビルでサウナを経営していたが、いずれも無届け営業だった。北新地ではテナントビルや土地も所有し、スナックを経営していた。このスナックは、小西支部長の知人女性がママで、同支部長は奈良市内に自宅として豪邸を所持しているが、日頃このテナントビルの五階の部屋に寝泊まりしていた。

飛鳥人権文化センター元館長の天下り先としてさきにも名前が出たが、同支部長が社会福祉法人「ともしび福祉会」を設立したのは、八一年三月。大阪市内や高槻市内で特別養護老人ホームや保育園などを運営、早くから福祉ビジネスを手がけ、金儲けにいそしんだ。小西支部長の福祉ビジネスは、「同和対策事業の一環」ということで、財団法人「飛鳥会」と同様に、行政側から施設用地の無償提供や格安借地料など優遇措置を受けるとともに、監督官庁である大阪市や大阪府は事業目的に反する事業内容に関して三十年間にたってノーチェック、甘い指導を続けてきた。なかでも、「ともしび福祉会」は、暴力団や政治家などへの資金提供の隠れ蓑《かくみの》になってきた疑いがある。

〇五年十二月、「ともしび福祉会」のグループホームのお披露目式に当時国家公安委員長だった村田衆院議員が出席し、祝辞をのべたが、同衆院議員は総選挙直前の同年八月、飛鳥会事務所で小西支部長と面談、選挙で支援を受けるなど親密な関係にあった。同グループホームのお披露目式には、解放同盟大阪府連委員長でもある民主党の松岡徹参院議員、大阪府市長会会長の中司宏枚方《ひらかた》市長、大阪府議、大阪市議らが出席、小西支部長の人脈の広さを見せつけた。「ともしび福祉会」の法人調査によると、村田衆院議員の私設秘書、旧社会党の井上一成衆院議員秘書が理事や評議員に、自民党の北浜正輝《きたはままさてる》元府議会議長が監事や評議員に就任。同元府議会議長は、オープンしたグループホームの施設長の肩書を持っていた。

さて、その「ともしび福祉会」だが、小西支部長とは「ニコイチ」といわれるほど昵懇《じっこん》の間柄だった元山口組直系組長（故人）の関連企業が所有する大阪・ミナミの立体駐車場を担保に、旧三和銀行系ノンバンクが三十億円、京セラ系ノンバンクが二十三億円の抵当権を設定、計約五十億円が元組長に転貸融資され、焦げ付いたままになっていた。「ともしび福祉会」は、京都府城陽市の駅前に取得した土地も担保に、旧三和銀行から極度額十億円、旧大阪銀行から極度額十三億五千万円の融資（その後、極度額の引き上げで二社計二十四億五千万円）を受けていた。また、飛鳥会が所有する北新地のテナントビルも、旧三和銀行が極度額五億円の根抵当権を設定し、融資を受けていた。判明している分だけで、三件の物件を担保に、少なくとも約八十億円が暴力団へ転貸融資されていた。

それにしても、なぜ、小西支部長は闇社会の住人達とこうも親しいのか。それは小西支部長自らが、三代目山口組系暴力団組幹部だった過去を持っているからである。

小西支部長が所属していたのは、最初、飛鳥地区に組事務所があった金田組（金三俊組長、大阪市北区＝解散時）で、その存在が知られるようになったのは、さる八五年一月に起きた、山口組四代目の竹中正久組長の射殺事件である。対立する一和会との抗争で、竹中組長が愛人の住む吹田市内のマンションで射殺されたが、このマンションの借り主は、小西支部長だった。竹中組長は、「小西邦彦」を名乗ってマンションに出入りしていた。その際、勤務先を大阪市浪速区の財団法人と装っていたという。その報復を狙っていた山口組のヒットマンがその直後逮捕されたが、そのヒットマンは小西支部長が実質的に管理していた飛鳥地区の旧同和住宅に潜んでいた。

当時、小西支部長は、同建協加盟の建設会社を経営していた。同社はペーパーカンパニーだったが、四年間で大阪市発注の公共事業を二十一億円も受注するなど、山口組のフロント企業として、資金稼ぎもやっていた。

その後、小西支部長が再び、捜査関係者の間で注目されることになったのは、九六年八月、大阪駅前ビルの路上で起きた山口組系暴力団生島組の生島久次元組長の射殺事件である。生島元組長は、旧三和銀行の貸金庫に拳銃や銃弾を隠し持っていたとして、銃刀法違反容疑で指名手配されていたが、時効が成立。いわゆる、経済ヤクザのはしりで、巨額の闇資金を運用していた。この生島元組長と親しかったのが、他ならぬ小西支部長で、大阪ミナミの立体駐車場の持ち主こそ、生島元組長だった。この駐車場を担保にして、「ともしび福祉会」が、旧三和銀行などから、生島元組長側に約五十億円の転貸融資をしていたことはさきに書いたとおりである。

小西支部長は、山口組の抗争史の節目によほど縁があるのだろう。今度は、五代目山口組若頭で宅見組組長だった宅見勝組長の神戸市内のホテルでの射殺事件にもかかわってくるのだ。この事件の犯人グループは、当時、山口組若頭補佐だった中野太郎会長率いる中野会系組員であることが判明し、すでに逮捕されているが、このころ、小西支部長は中野会に近い立場にあった。理由は解散した金田組組員の一部を中野会が引き取ったからだった。小西支部長は、病気で引退した中野太郎元会長の面倒をみているが、こうした切っても切れない関係があったからだ。このため、宅見組長射殺事件直後に、飛鳥会事務所に銃弾が撃ち込まれる事件が起った。宅見組系組員による報復とみられていた。小西支部長が、天野組長に用心棒を依頼するのは、この後のことで、同組長は射殺された宅見組長の元側近だった。

小西支部長は、「同和」を表看板にしながら、裏の顔は、闇社会の錬金術師だったのである。

それにしてもである。なぜ、小西支部長はこれだけ、やりたい放題できたのか。もちろん、「同和」という人権団体の看板と山口組という暴力装置が背景にあったことは間違いないが、同支部長を知る大阪市内の業者は、こう言う。

「役人はもちろん、捜査当局からマスコミまでブレーンを持ち、情報を集めていた」

今回の飛鳥会事件では、小西逮捕の前日、マスコミ関係者が小西支部長本人に、「明日逮捕されます」と、事前に通報していたことが発覚し、在阪マスコミの社会部記者の間で、「犯人隠匿罪、逃亡幇助罪にあたるのではないか」と、密かに話題になった。「同和」タブーに屈服し、陰に陽に解放同盟の暴走を後押ししてきた、在阪マスコミの罪が改めて問われる事件でもあった。

飛鳥会事件の最中、大阪市の幹部は、しきりに「本庁からお縄付きを出さない」と周囲に漏らしていたが、結局、この幹部の言うとおり、同事件は出先の課長級幹部を逮捕しただけで、いわゆるトカゲの尻尾切りで終結してしまった。

乱脈行政の象徴「旧芦原病院」

さて、飛鳥会事件の後、大阪市の乱脈同和行政の当面の焦点になったのは、旧芦原《あしはら》病院（大阪市浪速区）への大阪市のヤミ融資問題である。七月二十一日の大阪市の特別監査で明るみに出たものだが、同病院は、長年にわたる乱脈経営で、銀行からの借入れを大阪市からの補助金や貸付金で返して、その直後にまた銀行借入れをしなければやっていけないほど、事実上、破綻状態になっていた。そこへ〇二年三月末に同特法が失効し、大阪市の貸付金が縮小、たちどころに経営難に陥った。このため〇四年六月、大阪市は外郭団体である「市医療事業振興協会」にみずほ銀行が二億五千万円融資する形をとり、当時の中山芳樹健康福祉局長の銀行個人口座を経由して、同病院側に迂回融資を実行した。もちろん、違法行為だが、この融資の返済もまた違法だった。市は監理団体である「市社会福祉協議会」にヘルパーの退職金を補助するという架空名目で一億五千万円を支出し、これに市社協が簿外でプールしていた市の補助金など一億円を加えて年度内の〇五年二月、さきの医事振興協会を経て、みずほ銀行に返済したという。

ヤミ融資はこれだけではなかった。翌〇五年六月、同病院がりそな銀行から無担保で二億円の融資を受けた際、中山健康福祉局名で「芦原病院の今回の借入金につきましては……本市が責任を持って返済させます」との「返済確認書」を差し入れていたことが同年十二月、市議会での共産党議員の追及で明るみに出た。このりそな銀行から融資を受ける際は、さきのみずほ銀行からの融資額を記載した書類を提示して信用させるなど、市は芦原病院の延命のためには手段を選ばなかった。

その芦原病院は、一九五七年、芦原診療所として開設されたのが始まり。当時、大阪府・大阪市の補助を受けて設立された。翌五八年には、浪速医療生活共同組合を設立し法人化、六三年に芦原病院になった。一民間病院だったが、国の同和対策事業開始直後の七〇年から、大阪府・市の「同和地区医療センター」として位置付けられ、行政丸抱えで一期、二期と病院の新築事業が行なわれ、七九年三月に竣工。大阪市は同病院に医師を派遣するとともに、六八年から病院建設助成金、備品整備事業補助金、運営補助金などを毎年支出、〇四年度までにその額は百八十二億円にまで達した。また、補助金以外にも、総額百三十億五千万円の無担保、事実上無利子の貸付金も実行してきた。

一民間病院に過ぎない、芦原病院の放漫経営と大阪市の巨額の助成金・貸付金問題は、不公正・乱脈な同和行政の典型として、市議会で繰り返し共産党が取り上げてきたが、市は「差別は依然として深刻。同和問題の解決のために必要」と、「同和」を理由にして、助成金・貸付金を実行してきた。

しかし、大阪市からの補助金百八十二億円に加え、貸付金約百三十億円を焦げ付かせたまま、ついに、〇五年十二月、経営破綻。民事再生法の適用を申請し、大阪市に貸付金約百三十億円の債権放棄を要求した。

ところが、病院破綻後、市会や大阪市の調査で、総額三百二十億円もの公金を投じた同病院で不正行為が行なわれていたことが次つぎ発覚した。その一つは、毎年同病院に市が六千六百万円の補助金を出していた医療機器の備品購入をめぐる不正疑惑で、〇六年三月市会で、共産党の北山良三議員の独自調査により明るみに出た。それによると、同議員が、芦原病院から大阪市に提出された「備品整備補助金精算報告書」にもとづき、〇二～〇四年度分として記載された二十の購入医療機器に関して、医療機器メーカーや取り扱い業者から聞き取り調査を行なったところ、〇四年度に四千八百万円で購入したとされる「ＲＩ検査機器一式」は、すでに九九年度に取引され納入されていること、また、同年度に千八百万円で購入したことになっている「鏡視下手術システム一式」は、販売業者には取引の形跡がないことなど、こうした「取引の形跡なし」は、〇三～〇四年度合計で六件、五千三百万円にもなっていた。また、〇二年度に購入した「細隙灯ファイリングシステム一式」は、定価の三倍の購入価格になっていた。

北山議員が追及した補助金不正流用疑惑は、〇六年四月、会計士や弁護士らでつくる大阪市の芦原病院調査委員会が発表した中間報告書によって裏付けられた。それによると、同病院が〇二～〇四年度に市から受け取った補助金約四億九千万円の使途は、病院側の「備品整備補助金精算報告書」どおり購入された備品は皆無で、報告書どおりに施行された工事も一部に留まるど、ほぼ全額が申請どおりの目的に使われず、うち約三億二千万円が使途不明になっていた。また、同病院は八四年から浪速・西成両区の旧同和地区居住者の医療費は五割、六十歳以上の老人会、障害者の会の会員は十割減免するなど、患者に対する採算無視の「同和優遇」医療を行なってきたが、五月に出された最終報告書によると、収入にあたる診療報酬は、同規模の一般的病院の八五％（外来だけでは五八％）しか入ってこない一方で、職員の給与は一五％以上高く、医療材料費や給食材料費などが異常に高額になるなど、借金漬けの典型的な放漫経営になっていたことが改めて明るみに出た。

しかも、こうした虚偽の補助金申請書は、同病院に代わって、市健康福祉局の担当職員が「作文」したもので、構図は飛鳥会事件と同様、大阪市の自作自演だった。市議会で「局の一定の認識で行なっていたことは否定しがたい」と、不正は局ぐるみで行なわれていたことを認めた。

こうした不正が次つぎ判明したにもかかわらず、關淳一《せきじゅんいち》市長は、病院側の貸付金など約百三十八億円（民間金融機関分含む）の債権放棄の要請を受け入れ、同債権の放棄を前提にした「芦原病院再生計画案」を議会に提案したが、与党の理解を得られず、この六月市会で継続審議になった。

同和予算は解同の人件費

芦原病院のずさんな経営実態は、關市長自ら求めていた市の特別監査（七月）と、市民グループが出した〇二～〇四年度の補助金計四億八千九百万円を関係者から市へ返還を求める監査請求に対する報告書でも浮きぼりになった。

そのうち、特別監査によると、〇一～〇四年度の収支は、医業収入が約二十億円なのに対し、支出は人件費だけで十八億円。医薬品購入代金やほかの経費を加えると、毎年八億円の赤字となり、これを市からの補助金や貸付金で穴埋め。職員数は、一般の同規模病院と比べて三〇％多く、警備費には、月額四百万円も支払っていた。

さらに、二〇〇〇年暮れ、病院内の現金自動支払機に入っている現金が多いことに気づいた職員が出納担当の職員に問いただすと、九九年十二月ボーナス資金千九百万円を紛失していたことを「告白」、始末書によると、「ごみ袋に誤って入れ、捨ててしまった」と説明したという。同職員はその後、二〇〇〇年四月～〇一年二月までの間に、窓口の現金四千八百四十万円を抜き取り、着服したとして懲戒解雇されるという、ずさんな経営を象徴するような事件も起きていた。

先述のヤミ融資は、この特別監査で明るみに出たと書いたが、じつは、銀行からの融資の返済を大阪市が債務保証する手法は、八〇年度の七億円を最初に、その後、九〇年度から毎年、二億円前後、十四年間にわたって行なわれ、〇一年度まで予算書にも記載されていないヤミ融資として実行されてきたものだった。

〇五年十月、關市長が突然、辞任を表明、その理由に責任問題の一つとして挙げたのが、自ら担当局長（当時、環境保健局長）だった芦原病院への貸付金焦げ付き問題だった。芦原病院側から、毎回、「経営が苦しい」「予定の収益が上がらなかった」から、「貸付の申請をする」との借入申込書が提出され、その際、通常の貸付金とは別に、予算書にも掲載されない「特別運営貸付金」が、さきの銀行融資への債務保証分を含め、九十三回にわたって行なわれていたが、關市長も環境保健局長時代に、十六億円のヤミ融資を決裁していた。今回の中山元健康福祉局長のヤミ融資実行も、当時の担当助役は、關市長だった。

關市長は、さきの飛鳥会事件でも、〇二年、「ともしび福祉会」が運営する「健康管理センター」の初代所長として出身校の大阪市立大学医学部の同窓で、同じ市民病院に勤務していたこともある女性医師を紹介、同医師が天下りしていたことがわかったが、小西支部長が暴力団関係者だったことは「当時、知らなかった」と言い逃れしてきた。しかし關市長は、共産党が小西支部長が暴力団関係者であることを九二年の市会本会議で取り上げた際、環境保健局長として会議に出席しており、ごまかしはあきらかだった。

闞市長や磯村隆文前市長、病院関係者など五人が、〇六年四月と五月、市民グループ「おおさか市民ネットワーク」の藤永延代代表などから、三百二十億円の補助金・貸付金支出をめぐって、背任で大阪地検、大阪府警にそれぞれ刑事告発されている。

それにしても、なぜ、芦原病院への大阪市や大阪府の補助金や貸付金が不当なのか。芦原病院は、これまで「同和地域の基幹病院」と当然のことのように語られてきたが、じつは、六九年に始まった同和対策事業は、病院を対象にしていないからである。つまり、スタート時点から、同和対策事業と位置付けるのは間違いだったのである。

なぜ、そうなったのか。〇六年八月十一日開かれた大阪市会市政改革特別委員会で共産党の下田敏人議員は、その経過についてこう説明している。

「旧芦原病院への三百二十億円もの補助金・貸付金は、六七年、当時の市衛生局に対して、部落解放同盟が援助拡大を強く要求したのが始まり。その後、『同和地域の基幹病院にせよ』と解放同盟が要求を拡大し、大阪市がこれに屈服。市の対応は病院はその対象にしていなかった同和対策事業特別措置法に違反するものだった。芦原病院の七〇年の決算書には、解放同盟浪速支部・西成支部にそれぞれ十二万円支出したことが記載され、理事長ら役員はすべて解放同盟幹部で占められるなど、およそ市民の税金を投入して行なう事業ではなかった。

また、第一期の病院拡大後の七四年、早くも経営危機に陥ったにもかかわらず、解放同盟の強い要求で第二期建設工事を強行し、地域の医療ニーズとかけ離れた過剰な診療体制でいっそう経営が悪化し、毎年、補助金・貸付金を投入するに至った。

さらに、市は『市民病院に準じているから』と、芦原病院への支援を合理化しているが、その市民病院に対する一般会計繰り出し基準に照らしても、二億七千万円もの補助金を余分に支出するなど、医療でも同和優先になっている」

さて、同特法失効後も大阪市は、毎年百数十億円の同和特別予算を計上し、「同和」優先の市政をとり続けてきたが、その予算の中身は、さきの飛鳥会事件や旧芦原病院問題と同様、名目になっている「差別解消」とは似ても似つかぬ解放同盟活動家の人件費化しているのが実態だ。

たとえば、大阪市人権協会（旧大阪市同和事業促進協議会）に対する委託事業。○六年度予算は、六億八千五百万円だが、そのうちの七〇％が人件費として使われ、そのほとんどが人権協会職員の人件費に充てられている。同特法失効前に市同促や市同促各地区協議会へ出されていた運営補助金、つまり人件費六億八千七百万円（○一年度）が形を変えて出されているだけなのだ。

大阪市内に十三館ある人権文化センター（旧解放会館）も、管理運営業務が人権協会に委託され、十二億円もの予算をつぎ込んで、市からの課長・係長級職員五十人と

■2003年度大阪市人権(同和)事業決算額　(単位：千円)

事業名	事業費	委託先など
同和対策債元利償還金	2,881,000	
人権文化センター管理運営費(職員177人含む)	2,462,982	人権協会など
地域交流促進事業	99,550	人権協会
総合生活相談事業	172,762	人権協会
センター夜間休日管理業務	154,303	人権協会
地域人権啓発事業	143,000	人権協会
経過措置事業(高校奨学金)	69,000	個人給付
同　(大学奨学金)	97,000	個人給付
同　(共同浴場への支援)	140,000	
青年会館職員費(244人)	2,120,920	
青年会館維持運営費	255,955	
青年会館施設業務(夜間管理)	152,786	人権協会
子どもとおとなのための地域共育事業	33,009	人権協会
青年情報教育支援事業	11,783	人権協会
青年再学習・授業観育成地域事業	18,256	人権協会
男女平等教育地域アドバイザー養成事業	14,093	人権協会
進路選択支援事業	49,182	人権協会
芦原病院補助金・特別貸付金	913,000	浪速医療生協芦原
塩楽荘維持運営費	286,433	人権協会
障害者会館運営経費	535,892	地域社会福祉法人
老人福祉センター管理運営費	615,502	直営
老人福祉センター警備費	49,333	人権協会
高齢者・障害者パソコン講習事業	10,051	社会福祉法人など
高齢者総合相談事業	534	
保育所給食内容拡充事業	103,169	人権協会
高齢者・障害者等支援事業	224,229	人権協会
保育所保育料軽減額(経過措置)	(122,820)	支出金はなし
大阪市人権教育研究協議会補助金	6,400	
小中学校(同和)加配教職員費	(1,420,000)	推計額
財団法人 大阪府人権協会分担金	5,100	
大阪人権博物館運営補助金	104,790	
アジア・太平洋人権情報センター運営補助金	60,222	
合　計	13,133,076	

(共産党大阪市会議員団調べ)

人権協会職員九十八人の人件費に費やされているのだ。その人権文化センターも、運動団体である部落解放同盟の拠点として使われるなど、「同和」優先行政を続けてきた。

飛鳥会事件では、人権文化センター館長が小西支部長の秘書役をしていたことはさきに書いたが、市職員が十数年間にわたって、小西支部長の親族の介護に専従したり、飛鳥会が経営する万博記念公園の売店で働くなど、人権文化センター職員のでたらめな勤務実態も明るみに出ている。また、飛鳥人権協会職員七人の給与を三年間で二千四百万円も同支部長がピンハネしていたことが発覚したが、この問題は、雇用主である大阪市人権協会に職員が数年前から訴えていたにもかかわらず、放置されていた。また、飛鳥人権協会は、市立あすか保育所の当直業務を市の委託事業として請け負いながら、実際には当直業務をせず、六年間にわたって委託費千三百万円を不正に受給するなど、同和事業をめぐる委託業務には不正が多いのが実態だ。

〇六年五月、大阪市の人権施策に関する定期監査報告が公表されたが、ここでも委託料二十七億円の使途が不明瞭であることがあきらかになっている。

大阪市は、八月末、一連の同和不正で中山前健康福祉局長を論旨免職、關市長の減給五〇％（六カ月）など、職員百五人の処分を発表。大阪市の外部委員会「市政対財特法（地域改善対策財政特別措置法）期限後の事業等の調査・監理委員会」は、人権文化センターや青少年会館などに派遣されている市職員四百六十人を引き揚げることなど、同和行政の見直し報告書をまとめた。これを受け闞市長はこの十月、同和施策八十五事業約六十五億円のうち、二十四事業約三十五億円を廃止する見直し案を発表した。

その一方で闞市長は、八月、旧同和地区の高校・大学進学者に貸し付け、焦げ付いたままになっている同和奨学金四十億円についても、回収を放棄する考えを示したり、市会で人権協会とのなれあいを断ち切り、同和行政を終結させるよう問われたのに対して、「市独自の考えで人権行政をすすめる」と答えるなど、今後もなお、部落解放同盟と一体の関係にある人権協会を協力機関として、同和行政を続ける方針だ。十月、旧芦原病院の債権放棄は市会で全会一致で否決されたが、自・公民与党は共産党提案の百条調査委員会設置を否決するなど、一連の同和不正事件の解明にフタをしてしまった。

第五章　中之島一家＝大阪市役所の腐臭の構図

総額一億二千万円の「カラ残業代」

かねてから噂に聞いていた大阪市役所、それもごみ収集に携わる環境事業局の公費天国ぶりについて、筆者がその実態を知ったのは二〇〇二年秋のことである。きっかけは、筆者の出版物を読んだ元環境事業局職員が出版社に送ってきた内部告発文書だった。そこには、環境事業局職員が一般のサラリーマンの半分以下の仕事しかしていないのに、所得は倍以上あるという実態となぜそうなっているのか、仕組みと背景が生々しく書かれてあった。

その給与明細票のコピーが添付されており、内部告発は、間違いないものだと確信した。せっかく受け取った内部告発だったが、筆者の努力不足で記事化することができずにいた。ところが、二年後の〇四年秋、区役所職員のカラ残業問題の発覚を契機に、世に「厚遇問題」と呼ばれる大阪市の公費天国ぶりが次つぎに明るみに出た。市民の怒りは沸騰し、度外れた税金食いは、国民の注視の的になった。そして、ついに〇五年秋には、關淳一《せきじゅんいち》市長が任期途中で引責辞職に追い込まれ、みそぎ選挙で再選されるという展開を辿《たど》った。

発覚から二年、大阪市の「厚遇問題」とはなんだったのか振り返った。

大阪市の職員厚遇問題発覚の契機になったのは、大阪の民放・毎日放送（ＭＢＳ）の夕方のニュース番組「ＶＯＩＳ」が放映した、『闇の正体！〝張り込み一ヵ月〟大阪市「カラ残業」の実態』（〇四年十一月二十三日放映）である。

同番組によると、二十八年間勤めた大阪市福島区役所の元職員の「実態のない超過勤務（カラ残業）で、毎月二時間、二回つけるようになっていた。区民を裏切る行為をしていたので、騙《だま》し取ったお金を返したい」という内部告発が始まり。これを受けて番組は、市内二十四の区役所の一つ、阿倍野《あべの》区役所にターゲットを絞り、九月から張り込み取材を敢行。その結果、午後五時に「まもなく執務を終了します」と終業のチャイムが鳴り、窓口業務は午後五時半に終了、庁内は真っ暗になった。このことが来る日も来る日も繰り返され、結局、一ヵ月間、残業は一日もなかった。

ところが、後日、情報公開で入手した「超過勤務名簿」によると、係長は九月三日に三時間、主査も三日に三時間、係員は三日と六日で計五時間の残業をしていたことになっていた。最初に内部告発があった元福島区役所職員の内部告発は事実だったのである。

番組では、課長が「係員は残業していた」と断言した日時に、係員がそろって天王《てんのう》寺《じ》区の居酒屋に入ったというリアルな映像を流し、ウソを暴《あば》いた。

残業どころか、居酒屋にいた区役所職員に「あんたら、何やってまんねん」と、視聴者が怒ったのも当然のことだった。この日は、たまたま係の懇親会だった。

おまけに、「超過勤務名簿」を情報公開で入手した同番組の記者の自宅に「取材の趣旨は何か」と阿倍野区役所の課長二人が押し掛けるシーンも登場。不都合なことは、すぐにもみ消そうとする隠蔽《いんぺい》体質丸出しの大阪市の姿を映し出していた。

本来、情報公開を請求した市民の氏名や住所は個人情報であり、市の担当部局は、他に漏らしてはいけないということになっている。それが勝手に、情報公開の担当部局から、阿倍野区役所にわたっていたということだったから、プライバシーも何もあったものではない。他のマスコミからも条例違反はもちろんのこと、報道の自由を規制するものとして一斉に批判の声があがったことはいうまでもない。

いずれにせよ、このショッキングなカラ残業の映像で、大阪市役所は上を下への大騒ぎになった。

というのも、今回のカラ残業が発覚する十五年前、大阪市政最大のスキャンダルとなった公金詐取事件の最中に、係長以下の職員三万人に一律月五時間の超過勤務手当、いわゆる「ヤミ手当」三百億円を支給していたことが露見し、裁判にまで発展。二度と不適切な手当は支払わないと当時の磯村隆文市長が誓約、裁判を起こした市民グループと和解したという経緯があったからだ。いわば、裁判所の決定を覆《くつがえ》す、裏切り行為をその後も続けていたことになるからである。

結局、大阪市の内部調査で二十四の全区役所と市長部局、交通局、水道局、消防署、教育委員会など本庁二十局のほぼ全局で、〇一～〇四年の間に、約二万五千件・四万七千時間、一億二千万円のカラ残業をしていたことが判明。「超過勤務に関し、不適切な事務処理をした」として四万七千人の全職員の約一七％にあたる約八千人もの職員を監督責任を含めて処分、うち約六千人の職員からさきのカラ残業代を返還させた。

この大阪市の処分については、「事実と異なる」として現・元職員が処分の撤回と慰謝料を求める訴訟を起こしているが、訴えた市職員が指摘するように筆者の取材でもカラ残業問題にはカラクリがあった。このことについては、のちほど別項（百十六ページ参照）で触れる。

「特殊勤務手当」で給与底上げ

カラ残業に限らず、問題となった大阪市職員の厚遇問題とは何か、まずは概略を紹介しておく。

一口に厚遇といっても、大阪市の場合、たとえば結婚祝い金が二つの組織からそれぞれ支給されるなど実施主体がいくつもあり、内容も重複するなど錯綜《さくそう》、「複雑すぎる」というのが筆者の率直な感想だ。強いて分けるとすれば、給与や手当など市から直接支払われるものと、いわゆる市が条例・規則などにもとづいて実施する市厚生課や健康保険組合、共済組合、互助組合など通常の福利厚生事業、そして、今回の厚遇問題の最大の疑惑として指摘された条例にもとづかない任意団体「市職員互助組合連合会」への公金投入によるヤミ退職金・年金など三種類ある。

発覚当時、大阪市職員の福利厚生事業は、三百六十一項目もあった。

まず、大阪市から直接支払われるものだが、第一に指摘されたのが給与の高さだ。国家公務員の給与を一〇〇とした場合、地方公務員の給与水準を示す、いわゆるラスパイレス指数で見ると、〇四年度は十三政令指定都市（当時）中、川崎市の一〇二・二に次いで、二番目に高い一〇一・九。このラスパイレス指数の基準になっている大阪市の一般行政職職員一万六千二百九人の平均年収は、七百十一万六千三百三十九円である（〇五年九月、大阪市人事委員会発表）。その大阪市の職員のなかでも、とりわけ給与が高いのが冒頭の内部告発で紹介した環境事業局や交通局といった現業職職員である。「給食のおばちゃん、年収九百万円」と、もっぱら引き合いに出された小学校の給食調理員の平均年収は六百十七万円で、最高額で九百十七万円。交通局のバスの運転手の平均年収は、八百三十六万円で、一千万円以上の運転手は二百十一人もいた。このほか、朝夕の交通渋滞時にバス専用レーンの通行を妨げる違法駐車を監視するだけで七十人の職員を配置。監視員の実働時間は五時間だが、平均給与は、一千万円にもなっていた。ただ、バスの運転手をはじめ大阪市職員の給与はなぜ高いのか。そのカラクリの一つは、総務省からも「給与の二重払いの疑いがある」と指摘されていた、意味不明の「特殊勤務手当」がやたらと多いことである。

たとえば、

▼交通局では、地下鉄駅の勤務者に「ほこりなどで健康を害する恐れがある」として日額二百円、運転士には「電車を定位置に止めるのは難しい」という理由で、同五百～九百五十円を支給。

▼市バスの運転手は、「乗客の命を預かっており、過度の緊張がある」と同六百円を支給。

▼水道局は、係長以下職員約二千二百人全員に「水を二十四時間供給し続ける責任を負っている」として月額約一万四千円を一律支給。

▼交通局などローテーション職場にいたっては土、日出勤手当日額千二百円。

これら特殊勤務手当五種類だけで、〇三年度総額五十六億六千万円にものぼった。

〇三年度当初予算で総務省が見直しを求めた全国の政令指定都市十三市（当時）の特殊勤務手当は、百十三種類、総額百八億二千四百万円だった。このうち大阪市の五手当だけでじつに総額の五二％を占めていたことになり、同市の過剰ぶりは際立っていたことがわかる。

もう一つが、職務の特殊性を理由にして給与に上乗せされていた調整額。

▽中央省庁との折衝事務が困難だという理由で支給されてきた東京事務所勤務調整額（月額四万八千円）

▽ごみ収集などを担当する職員への環境事業局調整額（同三万九千～四万九千五百円）

▽税務手当（同八千三百円）

など、〇四年度総額三十五億円あった。

ヤミ昇給もあった。市は非公開の特別昇給制度をつくり、四十六年間にわたって昇給を前倒し。最近三年間で予算総額は約四十三億円にのぼっていた。

厚遇の象徴的な事例として、一躍有名になった「制服」名目のスーツやシャツの支給問題がある。イージーオーダーのスーツは、係長以下二万三千人に支給されていた。男性用が三万二千～三万五千円、女性用が約三万円で、〇四年度は、総額三億四千五百万円にのぼった。大阪市は「貸与」としているが、返却を求めていなかったことから、大阪国税局は、「給与の現物支給に当たるおそれがある」として、この後に触れる（百十六ページ参照）いわゆる「ヤミ年金」問題と合わせ、〇五年一月、市総務局や職員互助組合などに対する税務調査に着手。結局、市が直接給付していたスーツ、互助組合と二重払いになっていた一万三千円の「職員結婚貸与金」、「奨学金」など、大阪国税局は、過去五年間に遡《さかのぼ》り、総額約二十四億円の課税を決定。所得税の源泉漏れは約三億円にもなった。

さらに、交通、水道両局と教員を除く全職員約三万七千人を対象に、在職中死亡時に五百五十万円が出る団体生命共済の掛け金を市が全額負担していたこともわかった。予算は〇三年度の掛け金は約四億四千万円で、過去二十二年間で総額百億円も支出していた。交通、水道両局は、互助組合が団体生命保険の掛け金を全額負担していたが、この場合は、市が直接、総務局の職員福利厚生費の中の「委託料」として毎年一般会計予算に計上、予算書にも決算書にも、生命共済の掛け金への支出とは明記していなかった。条例にもない、いわば議会だましの予算計上を続けていたというわけである。

しかも、この団体生命保険を独占的に引き受けていたのは、「労働貴族」と揶揄《やゆ》されている連合系の労働組合幹部の天下り先として知られる全労済（全国労働者共済生活協同組合連合会）である。そのうえ、大阪市の七つの職員労働組合でつくる市労連（市労働組合連合会、四万七千人）の元委員長が役員として天下りしていたのだ。元委員長の出身母体は、大阪市交通局で、同局は当初から全労済に加入していたが、市長部局と水道局は別の生命保険会社と契約していた。ところが、元委員長が全労済に再就職後、これを解約し、〇二年度から全労済と契約した。それも、交通局分だけが全労済の二種類の保険に加入。死亡保険は他部局が四百万～五百五十万円に対し、交通局職員は八百万円で、入院一日あたり五千円が給付される保障付きだった。互助組合負担分の職員一人あたりの掛け金も、市長部局、水道局分が年間一万二千円前後に対して、交通局は三・四倍の四万円と突出していた。

〇三年十二月、交通労組幹部十数人と市交通局高速運輸部長ら二人が、「視察」名目で、福岡や沖縄の観光旅行を行ない、同局が費用全額百万円を負担していたことが発覚しているが、この「労使協調」旅行は、地下鉄、バス、技術部門それぞれ年一回の恒例行事で三十年間にわたって続いていた。〇五年度予算だけでも総額二百五十万円を計上していた。交通局の例は、この先、繰り返し出てくる労使馴れ合い、身びいきの典型だった。

ヒタ隠しにされた「ヤミ年金・退職金」

こうした優遇制度をあげるとキリがない。話を厚遇問題の本丸である、職員互助組合連合会を隠《かく》れ蓑《みの》にしたヤミ年金・退職金に移す前に、通常の互助組合について説明しておく。

大阪市には、職員の福利厚生のために、区役所や市長部局職員の親睦団体である大阪市職員互助組合（約三万五千三百人）、水道局互助組合（約二千三百人）、交通局互助組合（約八千三百人）、市教職員互助組合（約五千六百人）の四互助組合がある。この四互助組合に市は、職員の掛け金の二～三倍にあたる年間総額四十三億円（〇三年度決算）の公費を支出していたほか、本来、互助組合が負担すべき互助組合専従職員の給与も別枠で負担。〇四年度だけで三億五千万円の「隠れ公費負担」があった。

たとえば、最大組織である市職員互助組合は在職時死亡の弔慰《ちょうい》金五十万円、入学祝い金は四万五千円、夫婦共働きであれば二倍の九万円も支給された。他にも結婚祝い金七万八千円など、他の都道府県や政令都市の互助組合と比べ、総じて高かった。

これは単に支給費が高いだけではなく、カネ使いも贅沢なものだった。たとえば、伊豆、軽井沢、那須、白浜など、ゴルフ場やスキー場、テニスコート、温泉が併設された全国の十六のリゾート施設と法人契約。その保証金として十六億円を預け、会員は割安価格で利用できるというもの。〇三年度は約二万人が利用した。同互助組合は、さきの団体定期生命保険契約を交わしていた安田生命や全労済から、「事務取扱手数料」を受け、直営の福利厚生施設の運営費に回していた。いわば、公費のキックバックで、発覚するまでの二十二年間に手数料は総額四億円にのぼった。

同互助組合ビジネスは、各種団体保険の窓口会社から、部内報の広告費名目で一件あたり九万円、過去五年間で総額一億四千万円を受け取るなど、徹底していた。そうした潤沢な資金があったためか、同互助組合は、市職員限定の預金制度もつくり、市中金利を大幅に上回る年利二％を保証。組合員の九割が利用し、〇三年度末の預金総額は七百三十億円にもなっていた。当時、互助組合が預金制度を設けていたのは全国の政令指定都市の中では大阪市だけだった。

福祉サービスでも厚遇を受けていた。同互助組合には「介護人等利用助成制度」というものがあり、家族に介護が必要になった場合、組合員の支払った額の二分の一相当額を助成。一日五千円を限度とし年間三十日まで利用できた。九二年から始まった事業だが〇〇年から介護保険制度が始まったため、二重支給になっていた。

職員の掛け金の三倍を「交付金」として補助していた大阪市教職員互助組合の場合、〇三年度掛け金一億三千六百万円に対して、大阪市教委の補助金は四億八百万円。これを原資として、子供が小、中学校に入学した際に各三万円、育児休業取得時に年間一万八千円、五日以上の入院一回につき七千円を支給。また、春、夏には大手旅行代理店とタイアップして「沖縄離島めぐり」など「研修旅行」と称した事実上の観光ツアーを組み、旅行代金の二割を補助。市内の映画館やミナミの新歌舞伎座、京都の南座などの利用券も毎年一万四千円分配布。定年退職時には、二十四万円の祝い金まで支給していた。

大阪市教委は、これまでにも人事異動のシーズンになると、市内のホテルを一カ月も借り切り、二十年間にわたって、宿泊費や電話代、タクシー代など毎年七百万〜一千万円も使っていたことが判明。また、学校の備品購入費予算で、取引会社を受け皿にして、書類が残っている九四年以降、二〇〇〇年秋までに、八億三千万円の裏金をつくっていたことも発覚するなど、公金を湯水のように使ったり、不正に流用することは、常態化していた。こうした公金感覚が、底なしの厚遇を生み出した土壌になったことは間違いない。

さて、前置きが長くなったが、本丸のヤミ退職金・年金問題に入る。

これまで説明してきた互助組合四団体は、条例にもとづき設置されていた団体だが、大阪市は九三年から任意団体「大阪市互助組合連合会（互助連）」という別組織を設立。大手生命保険会社・安田生命と契約して、市職員ＯＢに条例や規則にないヤミの「退職金」や「年金」を支給。教員（教員は市教職員互助組合が独自に運営する年金制度があり、一人あたり約百六十万円、年間一億七百万円の公費を補助。九六年度の制度発足以来総額十三億五千万円の公費が投入されていた）を除く全職員に一人あたり最高約四百万円で、開始以来十一年間で約三百億円の公費が投入され、約二万人が受給していた問題である。關淳一市長自ら、助役退任時に二百万円のヤミ退職金を受け取っていた。

ヤミ退職金発覚を受けて關市長は、磯村隆文元市長に二期目の退職金約四千六百万円の返還を求める訴訟を起こした。

同市職員OBには、条例で三千万円前後の退職金が支払われるほか、地方公務員の公的年金制度である共済年金が他の自治体と同様に支給されている。厚遇問題のなかで発覚した任意団体を通じた「退職金」「年金」は、まさにヤミ給付だった。しかも、ヤミ給付の事務作業のため、市役所本庁の総務局分室に、同互助連の事務局を設置。総務局職員から毎年七〜十一人を専従職員として配置し、人件費も十三年間で九億円も市が負担していたが、条例上の根拠がないため、さすがに後ろ暗かったのだろう、看板も出さずにいた。予算書においても「人件費」のなかに潜り込ませ、支出先や目的などを明記しないなど、議会にも市民にも存在をヒタ隠しにしていた。

この「ヤミ退職金・年金」が生まれた経緯は、〇五年一月、共産党が市会で取り上げ、その後、大阪市が設置した「互助連合会給付金等調査委員会」(委員長・辻公雄《つじきみお》弁護士、以下、辻委員会)の報告書(〇五年八月二十六日付)や筆者が入手した内部資料によると、概要は以下のとおりだ。

発端は、自治省(現総務省)が一九八五年四月十日付で都道府県、政令指定都市に出した地方公務員の退職金に関する通知だ。同通知は、「地方公務員の退職金は条例で明確に定めること」「支給率、最高限度額が国の水準を超えている地方公共団体は、これを是正すること」としていた。そして、同年九月十一日付で、自治省は大阪市長あてに「支給率が国の基準を上回るなどいまだ適正を欠く状況にある。……退職手当の計画的な是正を図る必要がある……」として、八五年度から八七年度までの三カ年計画で、退職手当制度及び運用を国並みにするよう求めた。さらに自治省は八六年七月十四日付で、再び、都道府県と指定都市に対して「退職手当の制度及びその運用の適正化について」と題する通知を行なった。

再三の自治省通知を受け、大阪市は退職金制度の是正を迫られた。当時、大阪市は、国の制度にない特別退職一時金を支給し、また、支給率は国六十二・六カ月分に対して、上限七十カ月分だった。このため、市当局は、市労連との間で労使交渉を行ない、最初の通知から四年を経た八九年十一月、①特別退職一時金は、九二年度まで三年間の経過措置期間を設けた上、八九年度限りで廃止する、②退職手当は九〇年度から支給率を（国並みの）六十二・七カ月分とする、③（特別退職一時金制度廃止の）経過措置期間が終了する九三年度からは、別途、職員の掛け金と大阪市からの交付金を原資とする新たな退職金給付制度を設け、月額の六・三カ月分を上限として支給することで合意した。

このうち、大阪市は、合意した①②については、八九年十二月「職員の退職手当に関する条例」および「大阪市職員互助組合条例」を改正したが、③については、九三年三月までに具体化するものとされ、この時点では具体的な制度とはならなかった。

この③こそ、のちに明るみに出た、条例にもとづかない「ヤミ退職金・年金」の始まりだった。この「ヤミ退職金・年金」制度は、労使密約にもとづき準備されたものだった。経過を辿ると、先の三項目の合意に先立ち、大阪市と市労連および同労連を構成する六つの労働組合（大阪市職員労働組合、大阪市従業員労働組合、大阪市水道労働組合、大阪市立学校教職員組合、大阪市立大学教職員組合、大阪市学校給食調理員労働組合）は、八八年七月、大阪市職員厚生事業協会（以下、厚生事業協会）なる任意団体を設立。規約によると会長には市総務局長、理事長には市労連委員長が就任、役員である理事、参与には市側と労働組合側の幹部が同数ずつ就任するものとされていた。発足時の会長には、八九年秋の公金スキャンダル事件で食糧費二百万円をツケ回し、ホステス同伴で飲み食いしていたことが発覚して辞任に追い込まれた平野誠治元総務局長が、理事長には迫田逸雄・市労連委員長（当時）が就任していた。

筆者の手元にある「大阪市職員厚生事業協会の設立について（案）」によると、設立総会は同年七月十八日午後一時から二時半まで、大阪市北区の全日空ホテルで開催。同総会で決まった「当面の事業運営について（案）」は、以下のようなものだった。

「わが国における人口の高齢化及び長寿化は極めて急速に進展し、今や『人生50年』時代から『人生80年時代』を迎えたと言われている。本市においては、昭和六四（八九）年に60歳定年が定着することになっているが、こうした高齢化社会が進展する中で、退職後の20年にも及ぶ第2の人生にいかになだらかに移行するか、またその人生がいかに充実して豊かにいきいきと生きるかは、重要な課題となっているところである。

また、退職者にとっては、大阪市と言う組織を離れ、従来享受していた各種の福利厚生制度のメリットがほとんど利用できなくなるなど、その生活に及ぼす影響も大きいものがあると思われる。

以上のような状況を踏まえ、協会は、現職並びに退職者の連帯にもとづく会員相互の共済により、給付型事業を重視しつつ、その他の事業もあわせ、企画委員会において事業計画の策定に向けて、研究・検討していくこととする」

要するに、労使仲良く現職時代に受けた数々の厚遇を退職後も享受していこうという目的で設立されたことがわかるが、これには看過できない裏の事情があった。というのは、自治省は六四年五月、各都道府県知事にあて、「時間外勤務手当、旅費等の一律支給について」と題する通知を行ない、「最近、地方公共団体において、夏期、年末等に職員に対し相当額の時間外勤務手当、旅費等が一律に支給され、これが実質上の特別な手当として受けとられている事例が見受けられるが、このような措置は不必要な疑惑を招くのみならず法令の規定に抵触する場合もあり、行財政運営上きわめて不適当である」と、是正を求めた。そして、翌六五年五月には、大阪市長あてに、「夏期における期末手当および勤勉手当の支給について」と題する通知を出していた。

この自治省の通知は、その後も繰り返し口頭で大阪市に伝えられていたが同省も事実上黙認していたのか、長年にわたって無視されてきた。

予算「不正操作」でヤミ金を捻出

大阪市が是正に乗り出したのは通知が出てから二十一年後の八六年のことだった。市当局と市労連の期末勤勉手当交渉の場で、過去に条例に定める支給率を超える手当を支給していた慣例を同年度以降廃止することにしたが、その一方で、代償措置として職員一人あたり年三万六千円を将来の福利厚生のための資金として互助組合に交付するということで、合意した。つまり、この合意は、自治省の通知を受け入れたように見せかけながら、実質的には、ヤミ賞与を福利厚生資金として、大阪市が支出するものだった。この合意により、大阪市は八六年度以降、毎年十八億円を各互助組合に交付、八八年度末には五十六億円余りの資金が蓄積されていた。

さきの厚生事業協会の設立目的は、主としてこの資金を管理し、その使途を労使で協議することだったのである。そして、九一年七月、厚生事業協会の評議委員会で「大阪市職員互助組合連合会設立準備委員会」が設置され、翌九二年三月、任意団体として同互助連が設立されたのである。これこそ、八九年十一月に交わした三つの合意事項のうち、まだ実現していなかった新たな退職金給付事業の具体化だった。

　こうして、九三年四月一日から、さきの交付金を原資として大手生保会社・安田生命と契約を交わし、互助連による「ヤミ退職金・年金」制度がスタートしたのである。この制度の実施にあたって厚生事業協会は労使の「協議機関」であり、互助連は「事業実施機関」と位置づけられていた。

　そして、同互助連に対して、前述のように組合員の掛け金の二倍、三倍もの多額の公費が投入されていた。さらに、条例にもとづく各互助組合からその資金の一部が、また、大阪市が直接に同互助連に公金を投入し、この「ヤミ退職金・年金」が維持されてきた。

　大阪市の負担割合は、スタート時、職員の掛け金一に対して一・七三、その後、一対二・四一になるなど、原資の大部分は、交付金で賄われていたのである。もともと、条例にない制度だったところから、予算・決算の不正操作を行ない、資金を捻出していたことになる。年度当初「互助組合交付金」として支出しているが、年度末には「給与、調整手当、期末勤勉手当」に振り替える操作を行ない、予算・決算上は「互助組合交付金」として計上していなかった。この不正経理を行なっていたのは、総務局給与課だった。九三年度から〇四年度までの十一年間、大阪市が負担した福利厚生に名を借りた「ヤミ退職金・年金」の交付金総額は三百十三億七千万円にのぼった。

まさに、労使一体市役所ぐるみで公金を騙しとっていたというわけである。

厚遇問題の発端になった冒頭のカラ残業問題も、じつは「ヤミ退職金・年金」と同様に、労使密約から始まったものだった。

共産党議員が〇五年一月の議会で入手した資料にもとづきあきらかにしたところによると、カラ残業手当の支給が始まったのは七〇年代後半から。七八年の市職員労働組合（市職）の年末一時金闘争の文書によると、一時金のプラスアルファ分について、今後、支給方法の転換を図るとして、原資の二分の一を特殊勤務手当、四分の一を超過勤務手当、四分の一を福利厚生事業にあてることで、解決したとされる。

さらに、八〇年には、市当局から市労連に、一時金のプラスアルファ分については、超過勤務手当とする提案があり、労使が妥結したという。さらに、戦後すぐからの一時金実績一覧表によると、八二年に、七〜十一月までの給与に月例超勤を四時間つける、そして、年末の一時金交渉のなかで、十二月〜翌八三年六月まで同様に月五時間つけることで妥結したという。この実績一覧表には今回の厚遇問題で明るみに出た厚生事業協会の職員一人あたり一万円の支給や旅行クーポン券、被服、団体生命保険事業なども記載されていた。

要するに、カラ残業手当は、七〇年代から始まった労使密約による一時金のプラスアルファ分の代償措置だったのである。もちろん、条例・規則などない、給与条例主義に違反するものだった。長年、労使でこうした秘密協定を交わし、続けられていたものだった。

大阪市のある幹部は、厚遇問題について、筆者にこう心情を吐露した。

「カラ残業にせよ、ヤミ退職金にせよ、厚遇といわれているものは、初めからシステム化されていた。みんな当たり前だと思っていたので、疑問など浮かぶはずもなかった」

ナニワの役人が、長年の公金漬けで市民感覚と乖離《かいり》し、マヒしていたことがよくわかる。

さて、一律のカラ残業の一方、八九年秋、公金スキャンダル事件の最中に明るみに出た「ヤミ手当」は、今回の超過勤務手当の不正受給と違い、ヤミ賞与といえるものだった。今回の厚遇問題の火付け役となったカラ残業問題での毎日放送のスクープ映像にすぐ反応したのは、さきの「ヤミ手当」問題で訴訟を起こした市民グループ「見張り番」（松浦米子・共同代表）である。すでに述べたように、大阪市のカラ残業にかかわる公金の不正支出は、今回が初めてではなく、十五年前（九一年）にも発覚していた。公金スキャンダルは次章で詳しく解明するが、去る八九年秋、大阪市では、幹部職員による公金詐取・議員接待事件が相次いで発覚し、大阪市の公費天国ぶりが世間に明るみに出て、市民から激しい批判の声が上がり世論が沸騰していたのは今回の厚遇問題と同様である。その最中の同年十二月、係長以下三万八千人の職員（交通、水道両局を除く）に対して本来の残業手当とは別に、八〇年から八九年まで一律毎月四～五時間分を「超過勤務手当」名目で上乗せして支出、その「ヤミ手当」は総額二百八十億四千万円にものぼっていたことが「朝日新聞」（八九年十二月十四日付）の報道で明るみに出た。残業手当は、本来、「各職員ごとに超過勤務の時間を超過勤務命令薄に記入しなければならない」と定めた「大阪市職員就業規則」にもとづいて支給されるが、同市はこれを無視。「幅広く恩恵を行き渡らせてほしいという労組の意向を汲んで」（大阪市）、八〇年六月、当時の職員局長が「手続きを簡単にするため、超過勤務命令簿に記入しなくても、職員一人一月あたり四時間分の超過勤務手当（約一万円、のちに五時間分に増額）を支給する」との「特例決裁」を定めたことが始まりだった。今回のカラ残業と違い、性格は「ヤミ賞与」だった。

条例・規則にもとづかない「ヤミ手当」は、世論の批判を受け、翌年一月から廃止されたが、「見張り番」メンバーは「条例・規則にもとづかない『ヤミ手当』は違法」と、当時（八七～九五年）の西尾正也市長（故人）や市幹部ら十二人を相手に、その一部、一億二千八百万円を返還するよう求めて九〇年五月、大阪地裁に提訴。市側証人は法廷で「係長が部下一人一人について、毎日毎日、短時間の残業を何分していたか手帳やカレンダーなどにメモをとっていた」などと、およそ荒唐無稽な弁明を繰り返したが、九七年一月、大阪地裁判決は超過勤務手当を名目にした「ヤミ手当」は、「給与に関する条例に定められた（給与条例主義）以外のものであり、違法」と断定。西尾前市長（判決当時の市長は磯村隆文氏）ら五人に約五千九百七十万円を返還するよう、住民側勝訴の判決を下した。西尾前市長らは地裁判決を不服として大阪高裁に控訴したが、翌九八年六月、突然、住民側に和解を申し入れる。

同年十月、別途大阪地裁で争われていた水道局、交通局についての同様の訴訟分も含めて、当時（九八年）の竹中茂市総務局長を代表とする市の管理職有志（約二千人）が賠償責任を認め、一億円を返還することなどで大阪高裁で和解が成立した。和解条項には「市は手当を違法とした一審判決を真摯に受け止める」「市長は、今後、不適切な給与、手当が支給されないよう地方自治法、地方公務員法の順守を誓約する」など市側が非を認める内容が盛り込まれ、一審判決に沿った住民側の実質勝訴だった。

住民側は、和解を「市民による保護観察付きの有罪判決」としてクギを刺したが、案の定、和解当日、竹中総務局長がなんと裁判所の和解条項を否定する次のようなコメントを発表したのだ。

「支出を違法とした一審判決をすべて認めたわけではない。一審判決では条例違反の支出とされたが、条例にもとづく支給だった。手続きが間違っていただけ。被告は当時たまたまその職にいただけで責任をとらされており、精神的苦痛が大きい。それで和解を提案した」

法治国家などどこ吹く風の不遜なコメントに、住民団体は激しく抗議。同総務局長は、「市民に誤解を与えたことは申し訳ない。慣れない記者会見でしゃべりすぎ、本意ではないところを新聞に書かれた」と、弁解に終始した。

和解直後、当時の磯村市長と面談した「見張り番」の松浦代表は、懲りない大阪市のカラ残業問題について、こう怒る。

「この時、磯村さんは私たちに、『再発防止に努力する』『日ごろから職員には、市民に説明できないことはやるなと言ってきた。裁判所の和解条項を周知徹底する』と約束しました。今回のカラ残業事件では、裁判所での約束ごとも守れない、市民にウソをついていたことがあきらかになったわけで、首長の政治的責任は重い」

しかし、本音は、さきの竹中総務局長の談話と同様、大阪市は裁判所の判決と同じ内容を持つ、「和解」を真摯に受け止めることはなかったようだ。

というのも、辻委員会の報告書によると、「ヤミ手当」訴訟の被告だった磯村前市長は、「和解の理由」について同調査委員会のヒアリングにこう答えたという。

「特例決裁はすでに廃止されており、訴訟を続けるのは得策とはいえない、大阪市はオリンピック招致を目指しており、一審で敗訴したこのような訴訟と決別したい、西尾前市長も亡くなり遺族も訴訟を終わらせたがっている、といった事情を勘案して訴訟を終了させた」

法律や条例、規則に違反していたから止めたのではなく、オリンピック招致という世間体と被告の個人的体裁から、止めたというのである。まったく反省していなかったのだ。今回明るみに出たカラ残業が秘密裏に継続していたのも、この磯村前市長の弁明からも納得がいく。

そのため、「見張り番」メンバーは、「事の重大性は大きい」と、カラ残業発覚直後の〇四年十二月、阿倍野区役所課長ら関係者を氏名不詳で刑事告発に踏み切ったほどだ。

組合の職場支配が腐敗を招いた

それにしても、どうして、大阪市ではカラ残業など不正行為が繰り返されてきたのか。

ある区役所職員は、その背景について、こう説明する。

「カラ残業は、大阪市の労使一体となった労務管理の温床です。なぜかというと、大阪市役所労組の連合体である連合系の大阪市労働組合総連合（市労連）の最大構成組織である大阪市職員労働組合（大阪市職、一万五千人＝当時）の実働部隊は、約七千人（当時）が占める区役所支部だからです。当局からすれば、区役所労組を取り込んでおけば、なにごともスムーズにいくし、また、世間に対して大阪市には労働基準法違反のサービス残業などないとアピールできるからです」

また、別の区役所職員は、今回のカラ残業の実態と仕組みについてこう解説してくれた。

「残業時間は本来、所属長の許可を得て職員本人が超過勤務命令簿につけることになっているんですが、区役所では『主担者』と呼ばれる係の庶務まとめ役が、残業の実態があるなしにかかわらず、職員すべてに一律一回二時間から三時間、それを月に二、三回あったことにして、勝手につけていました。勤務実態とはまったく異なる超過勤務命令簿だったことはもちろんですが、これだと土日、夜にも地域に出る福祉現場の職員は、膨大なサービス残業を強いられる一方で、午後五時半に終わる窓口業者は、残業なしでも一律に超勤手当をもらえるという矛盾が出ていました。組合は、残業しなくても手当をもらえることを成果だと宣伝していました。『毎日放送』に最初に取り上げられたのは、まさにこの残業のない職場だったんです。だいたい、カラ残業をせっせとつけていた『主担者』は組合の息がかかった者から、係長が選ぶことになっていました。その係長からして、区当局と組合との協議で決まり、職員も組合幹部にならないと、将来係長になれない仕組みです。

人事異動の情報も区長より、組合が先に知っている仕組みになっており、組合による事実上の職場支配がカラ残業問題を起こしたのです。若い職員があまりのサービス残業に異議を唱えると、組合幹部が『まあ、そう言うな。いまがまんしておけば、後でいい目にあえる』と、将来の出世をえさにして押さえ込むんですわ。ですから、あれだけ世間を騒がし、八千人という大量の処分者を出しながら、組合はウンともスンとも言えなかったのです」

そして、カラ残業問題にかかわって大阪市が発表した数字についても、「実際のカラ残業は三割ぐらいですよ。上司はもちろん、総元締の総務局も承知の上で行なわなわれたにもかかわらず、処分はすべて個々の職員の非行としてかたづけられ、局長クラスなど上に行くほど監督責任だけで、処分内容は軽い。カラ残業の超過勤務手当を返還したとマスコミに発表したが、実態は、『若いモンに払わすのには負担が大きい』と、幹部職員がカンパを集めて返還したというのが真相です。もともと、現場の職員は、言われているカラ残業の何倍ものサービス残業を強いられて、夜遅くや土日にも働かされているのが実際です。今回のカラ残業調査で市当局がやったことは、騒ぎになって刑事告訴までされたので、証拠隠滅のために自分たちがまとめづけしていた正規の勤命に線を引いて消し、改ざん。もともと実態とはかけはなれた当局側がでっち上げた命令簿だったので、つじつまをあわせるために、職員からメモや日記を提出させ、それをもとに算出したデータで、あいまいなものが多く、到底正確な数字とはいえません。市の発表は、二重、三重に市民を欺《あざむ》いたものです」。

「八百人はいる」

筆者は、大阪市の厚遇問題の取材を開始した〇五年春、与党幹部議員から、あらゆる災いを封じ込めた「パンドラの箱」とも、「労使関係で最大で最後のタブー」ともいわれてきた大阪市職員の「ヤミ専従」の人数についてこう知らされた。

ヤミ専従とは、労働組合幹部が有給のまま、労組活動に従事することをいうが、なぜ、「パンドラの箱」になってきたのか。それは、ヤミ専従の職員が、大阪市の権力構造を支える労働組合の実働部隊だったからである。職場を支配し、人事権も実質的に握り、市政運営に深く関与し、市長選挙ともなると、まるで選挙要員として集票マシーンになるからだ。しかも、与党の民主党には、労働組合出身者が多い。組織内候補として選挙のたびに、人もカネも支援を受ける立場にあり、議会では当然、組合の代弁者そのものだった。

しかし、この「パンドラの箱」も、厚遇批判にさらされ、その実態が明るみに出た。最初に明るみに出たのは、〇五年四月下旬。大阪市職の幹部である建設局職員が、約六年間、市役所内で勤務していることを装って自治労大阪府本部に「出勤」していたというものだ。この職員は自治労本部で組織部長と政治部長を務めるなど要職についていた。他にも、自治労副委員長を務めたこともある市職幹部の区役所職員二人が自治労府本部に通勤。市立学校職員組合幹部である市教委の営繕園芸事務所に勤務する職員は、勤務日の大半は大阪市中央区にある組合事務所へ出勤していた。いずれも、本来の職場に出勤しているように出勤簿には本人の押印があったが、実際には同僚の職員がはんこを押し、給与も所属部署からもらっていた。

これなど、氷山の一角で、部局ぐるみでヤミ専従をつくっていたところもあった。たとえば、〇五年六月の議会で共産党議員が取り上げた、大阪市交通局。同局では、労組支部役員を職場の「厚生委員」や「事業所安全衛生委員」に任命し、本来の業務を免除していた。両委員は、「規定」にもとづき局長が最大八十人まで任命できた。

同質間で、共産党議員が「交通局は、五十五人いる労組支部役員を全員、どちらかの委員に任命しているが、いつ出勤し、どこで何の仕事をしているのか」と質《ただ》した。これに対して局側は、「具体的な業務記録はない」と、両委員が事実上、ヤミ専従の温床になっていた実態を認めた。しかも、両委員には、出勤した場合一日につき八百円、年額約十七万円が支給されることが慣例で、〇三年度だけでも計七十六人が計千三百万円の手当を受け取っていた。仕事をしない、いわゆる「ブラ勤」なのに、手当はもらうという、まさに労組幹部の特権だった。

「ヤミ専従」問題では、連合大阪（日本労働組合連合会大阪府連合会＝約四十二万人）の藤井博・事務局長（当時）が、九九年から〇三年までの四年間、市に専従休職を届けず、市から給与を受け取りながら連合大阪の副事務局長を務めるなど、「ヤミ専従」をしていたことも発覚した。藤井氏は、市労連最大の加盟労組、大阪市職員労働組合（市職）の出身で、労組界を代表して大阪府の三つの審議会委員を務めていた。この「ヤミ専従」問題発覚で、同年八月、「一身上の都合」を理由に連合大阪事務局長を辞任した。

下水道事業などを行なう都市環境局では、五十七カ所あるポンプ場のうち、市従業員労働組合の役員四人が所属する四カ所にだけ、組合活動の多忙さを理由に職員を一人ずつ多く配置する「加配」まで行なっていた例もある。

さきに、与党議員が「八百人のヤミ専従がいる」と指摘したのは、有給で勤務時間内の組合活動が認められる「職員団体のための職員の行為の制限の特例に関する条例」（通称・ながら条例）の「労使交渉の準備行為」を認めるという条文が拡大解釈され、事実上のヤミ専従の横行につながったためだ。本来、事前に文書で申請し、承認を得て行なうものだが、口頭連絡が慣例化していたことから「ヤミ専従」の「温床」にも「隠れ蓑」にもなってきたからだ。

市労連傘下の主要単産幹部の二人が、市に届けず全労済大阪府本部の非常勤理事に就任し、月三万八千円の報酬を受け取っていたことも判明した。地方公務員法に触れる無許可兼業をしていたのは、当時、市労連委員長を務めていた嶋田道雄・市従業員労働組合委員長と、市職員労働組合の木下平和委員長。全労済には、非常勤理事として大阪市交通局労働組合の上田一男委員長、小塩新一前委員長（〇五年三月末で市を退職）も就任していたが、届け出ていた。いずれにせよ、組合幹部のうまみを吸っていたことには変わりはない。

さて、ヤミ専従問題で世論の批判を受けた大阪市は〇五年一月から同四月まで全庁調査を実施し、同年六月、その結果を発表した。それによると、労働組合幹部九百六十三人のうち百二十九人を「ヤミ専従」と認定したが、不適正とされた時間は、勤務時間の一・七％に過ぎず、だれが見ても実態とかけはなれていた。

このヤミ専従問題で市労連は九月、市監査要員の勧告にもとづいて返還した約四千二百万円を含め過去三年間に傘下の役員が不正に受給した給与総額を約一億五千四百万円と算定し、市へ返納した。「ヤミ専従」の隠れ蓑とみられていた「ながら条例」について市会は同月、有給での組合活動は、労使の団体交渉だけに限定する改正案を可決した。

実利で結ばれた労使協調の密約

それにしても、市当局はどうしてこうまで組合を優遇するのか。それを突っ込んで解明するには、巷でいわれているように、自民、公明、民主のオール与党が担ぎ出し、関西財界が応援した助役出身の市長が五代、四十年も続いてきた、中之島一家と呼ばれる翼賛体制を支えてきた労使協調の歴史に触れなければならない。

初の助役出身市長は、戦後公選制となってから三代目の市長となった中馬《ちゅうま》馨《かおる》氏だった。六三年春のことで、中馬氏は革新候補として初当選した。中馬市長の誕生に、当時の市職中央委員会は、「革新首長下における労働運動（草案）」を提案し、確認した。この「草案」は、「革新市長を励まし、協力する」ことに重点がおかれ、自治体労働者が地方公務員法で定められた「全体の奉仕者」であるという観点を欠落させたものだった。こうしたことから、「革新市長を守る」という大義のもと、組合員の要求や意見は抑圧され、「三役折衝」と呼ばれる組合幹部による、当局との労使交渉の決着が図られるようになった。

もともと、労働組合が大きな役割を果たして当選した市長だったところから、労使の間は中馬市長の前の中井光次・保守市長時代と打って変わって、急速に接近していった。市は人件費削減、欠員不補充という方針を打ち出したが、市職本部は闘わず癒着・一体化を深めた。市当局と労組の労使協調路線のルーツは、この中馬市長時代にあった。

その市職のなかにも、批判的な勢力が存在した。共産党員とその同調者で、改革派と呼ばれた。改革派は、一九六七年の組合役員選挙で、市職本部の執行委員十五人中、五人を占めていた。この年、二期目をめざす中馬市長ほ、「わたしは革新市長とも革新市政とも言ったことはない」と表明し、公然と変質した。市職本部は、中馬市長の「変質」に呼応するように、組合の規約や規則を改正し、ついには、労働組合の世界では極めてまれな完全連記制という選挙制度を導入し、自らの組合支配を図った。完全連記制のもとで行なわれた六八年の役員選挙では、もののみごとに改革派の候補は全員落選し、中馬市長派の組合本部が役員を独占した。

さらに、七〇年ころになると、改革派の組合員や支持者は、昇任・昇格させないなど徹底的に差別し、職員間の分断を図ることが始まった。この昇任・昇格差別は、その後の大島靖市長（自社公民、七一～八七年）、西尾正也市長（自社公民、八七～九五年）と続いた。この間九〇年七月、七人の職員が大阪市の昇任・昇格差別事件として提訴したが、磯村隆文市長（自社公民、九五～〇三年）時代の九七年十月に和解した。九〇年の昇任・昇格差別裁判提訴と同時に、改革派組合員は、市職から離脱し、いわゆる全労連傘下の市労組（大阪市役所労働組合、八百人＝当時）を結成した。

改革派に対する弾圧は、当時、施行された同和対策事業の独占化を図って部落解放同盟が暴力的糾弾闘争を強めていた同和問題を利用しても行なわれた。

そのきっかけになったのは、大阪市教職員組合東南支部の役員選挙に立候補した木下浄氏が組合員にあてた「あいさつ状」を、部落解放同盟が「差別文書」と決め付け、推薦した教師らを含めて、十一人を監禁・脅迫し、市教委に免職を要求。同市教委は、解放同盟のいうがまま、教師に長期間にわたって研修命令を出したり、配転処分にした、いわゆる「矢田事件」（六九年）である（配転は不当処分としての取り消しを求めた裁判が起こされ、教師側は全面的に勝訴するとともに、裁判所は、「木下あいさつ状は、『差別文書』ではない」、と断定）。

部落解放同盟は七二年七月から八月にかけて、大阪市に新設された同和教育事業指導員に採用され、学童保育の指導員をしていた橋本浙子さんを糾弾。橋本さんが木下あいさつ状を「差別文書」と認めなかったことを理由に、市立中之島中央公会堂の一室に「研修」と称して幽閉。その後、消防局へ配転する事件が起こった。

この橋本事件に心を痛めた職員が七三年一月、「大阪市職員のみなさんに訴えます」というビラを配布した。ところが、市職本部はビラ配布に協力した職員の調査を指示し、ブラックリストを作成。このリストをもとに、当時の大島市政は、「所属間交流」

を名目にして、百人の不当配転を行ない、改革派の勢力を削ぐことで市職に手を貸した。その後、元市職浪速区役所支部長で、分裂前に市職本部執行委員を務めたこともある大阪市役所労組の初代委員長である永井守彦氏など、改革派が中心になって「大阪市役所部落問題研究集会」が結成された。これに、大阪市職本部は、「大阪市職の部落解放運動の方針に反対し、組織を破壊する集会」といいがかりをつけ、第二回研究集会では、市職本部は三百人の組合員を動員し、物理的にもつぶそうとした。このため、集会会場となったお寺は、恐れをなし、「道義的資任を問われて当然ですが、曲げて、お断りさせていただきます」と、会場使用を断ってきたため、予定していた研究集会は中止に追い込まれた。

この研究集会問題で、七四年十二月の市職中央委員会は、永井氏を一カ月間の組合員権利停止処分にした。

現場でも、部落解放同盟関係者による市職員への暴力事件が頻発していたが、事件のほとんどが「穏便」に処理され、当局自らが公にすることはなかった。

たとえば、七三年には、

▽経理局用地部長と経理局用地課長が解放同盟と関係の深い暴力団組員に殴られ、用地課長は肋骨を折られる。

▽経理局主査が解放同盟西成支部の青年行動隊長に殴打される。

七四年には、

▽建築局（当時）工事課職員が、同和建設協会加盟の岸・甲南共同企業体の作業員に暴行を受ける。

▽市立保育所の保母が解放同盟員に殴打される。

――など表面化した数少ない事件も、結局は泣き寝入りさせられた。大阪市では、解放同盟に対して自分の意見を言えば、共産党員、あるいは同調者とみなされる状況をつくり、職員を黙らせるという、現在の市労連の職場支配体制ができあがったというのが、ことの経過である。

その結果、市役所はどうなったのか。これまで縷々《るる》述べてきたとおりであるが、市長選挙に対する「論功行賞」ともいうべき職員厚遇問題について、本章冒頭でもあきらかにした元環境事業局職員の内部告発文書から、もう一度、その実態を追うことにする。

財政非常事態でも止まない厚遇

「内部告発文書」は、こういう書き出しで始まっていた。

「私は、長年、大阪市役所環境事業局に勤務し、清掃事務所や車庫などの勤務経験を経て、定年退職したものです。環境事業局では、以前から現業職員（ごみ収集作業員やごみ収集車運転手など技能職員のこと。2号職員ともいう）に対する給与・手当類の著しい水増し支給、不正支給が組織的におこなわれており、市民に対しても一切隠しつづけられています。世間では倒産、リストラが増大し、また、大阪市の財政が逼迫しているなかで、不正受給の金額が常軌を逸したものであること（十数年前に大阪市役所で全職員に一律に五時間分の超過勤務手当を上乗せ支給していて問題になった〈いわゆる『ヤミ手当問題』＝筆者注〉が、今回は一人あたりの金額がその比ではない）。また、局ぐるみで市民に対し事実を隠蔽し続けており、自浄作用がまったく期待できる状況でなかったことから、一ＯＢとして、また、一市民として、このまま放置しておくことは許されず、退職後今まで数年間は公にすべきか迷っていたが、マスコミを通じて世間に知らしめることが改善への道と思い、実態を証拠書類を添えて明確にさせていただいた次第である。不正については世間一般の感覚では考えられないくらい多方面にわたっているが、今回はその一端を明らかにさせていただくことにする」

文面にあるとおり、当時、大阪市の市債残高＝借金は、過去最高の四兆八千万円、市民一人あたり百八十万円となり、磯村隆文市長（当時）は大阪市議会で「しばらくは非常事態に陥るものとして厳しく認識する必要がある」と述べて、「財政非常事態」

を宣言した時期だった。しかし、市役所内部では、「非常事態宣言」などどこ吹く風で、常軌を逸した不正と厚遇が横行していたというわけである。

さて、内部告発の最初は、ヤミ超勤問題。

普通の企業でも役所でも同じように、超過勤務手当（残業手当）は、所定の勤務時間を超えて勤務したことに対して支払われるものである。ところが、環境事業局の場合、午後三時過ぎには、収集作業は終了し、午後四時前には事務所に戻って、風呂に入り、勤務終了時間の四時四十五分になれば、帰るというのが日課になっていたという。仮に作業の遅れや研修などで実際に超過勤務があったとしても、一人あたり月平均一時間程度で、なかには終業時間の四時四十五分にならないうちに帰ってしまう職員も少なくないという。

ところが、給与明細表を見ると、残業をしていないにもかかわらず相当時間の超過勤務をしていたことになっており、超勤手当が支払われているというのだ。つまり、超勤手当の大半は、勤務実態のない「ヤミ超勤」というわけである。早い話、給与明細には、最初から水増し支給が仕組まれているのだ。そのヤミ超勤の時間は、年間百五十〜二百時間分あり、それも不自然に見えないよう巧妙に各月に分散されて配分されていたという。環境事業局の現業職員は、約三千五百人だから、莫大な「ヤミ超勤」が支払われ続けていたことになる。

告発文書は、この「ヤミ超勤」は、環境事業局ぐるみで行なわれていたと、こう指摘している。

「問題なのは、そのことは現場の人間が勝手にしているのではなく、すべて局からの指示でやっているということである。環境事業局に長く在籍し、現在局の幹部ポストについている人間は皆そのことを知っている。いや知っているという以上に彼ら自身がそのことに深く関与し、市民の目に届かないところでそのようなシステムをつくりあげてきたのである。局の幹部自身も不正な支出だとわかっていても、黙ってさえいれば外部（市民）に知られることはないうえ、どうせ支払われるのは税金からであり、別に自分の懐が痛むわけではないため、何とも思っていないのである」

環境事業局では、このヤミ超勤とは別に、「調整給」と呼ばれる「ヤミ給与」というものが上乗せされていたという。この「調整給」というのは、月約五万円前後で、給与明細表には、給与表にもとづく本来の給与と合算して「給与」として計上される。このため、年三回のボーナスの際には、給与ベースに算入されるため、ボーナスの底上げの役割を果たしていたという。この「調整給」は、ボーナスには反映されないが、大阪市が「大都市」という理由だけで、月々の給与とボーナスに「調整額」名目で一割増しで支給するという別口もあった。このため、「調整給」は、勤務年数によって多少異なるが年間一人あたり百万円前後になったという。一定の勤務年数になると、ボーナスも、五％、一〇％増で支給される「ヤミ手当」もあった。今回の厚遇問題を契機にして相次いで廃止された「特殊勤務手当」の一つに、環境事業局では「雨が降れば作業が大変」という理由で支払われていた「雨手当」もあったという。

ちなみに、告発文書に証拠書類として添えられていた給与明細表によると、五十代後半の職員の年収は千二百万円台がベースで、最高額は月収八十万円、年収は千三百三十万円余、採用十二年目で約七百五十万～八百五十万円、採用三年目で約五百四十五万～五百八十万円となっている。一般のサラリーマンの平均年収が四百五十万円ほどだから、その厚遇ぶりはケタはずれである。しかも、環境事業局の職員の場合、二十歳前後の採用一年目で、その平均給料を上回っているというから、驚きだ。

告発文書は、「ヤミ超勤手当」や「ヤミ給与」以外にも、大阪市の職員採用にまつわって常にささやかれてきた、いわゆる口利き、縁故採用問題についてもこう告発している。

「環境事業局で採用する現業職員の採用者のほとんどは関係者による口利きによるものであり、採用試験をおこなっているといっても最初から合格者が決まっている。採用試験は形だけおこなっているに過ぎず、市政だよりなどで形だけ公募しているようにとりつくろっているが、一般受験者から採用されることはほとんどない。それというのも、世間一般に思われているのと違って、大阪市の直営のごみ収集作業員、ごみ収集運転手は低いノルマと高額な収入で実際は実にうまみのある稼業だからである」

その「うまみ」は、民間で同じごみ収集運搬作業に従事している人に比べ仕事量は半分で所得は二倍以上、収集車の運転手にいたっては、ごみ収集作業はいっさいせず、一日トータル数十キロ程度の運転だけが仕事で、五十歳前後で年収一千万円前後、五十代後半で千二百万円程度に達するという。そして、こうした口利きによる縁故採用が当たり前になっているのは、「大阪市従業員組合環境事業局支部役員や一部現業幹部職員にとって、大きな利権になっているからだ」と、言外にワイロなど不正行為の存在を匂わしていた。

一昨年（〇四年）来、厚遇問題があれだけ騒がれたにもかかわらず、ここに出てくる、口利きによる縁故採用問題は、なぜか表沙汰になることはなかった。そこで、筆者は昨年末、環境事業局の現職職員に会い、質したところ、「口利き、縁故採用は事実です」と、その実態をこう詳しく説明してくれた。

「口利き、縁故採用には、組合枠、同和枠、議員枠があります。六年ほど前までは、ほとんどが縁故採用でした。縁故で採用された職員が、身内をすぐに入れるんです。たとえば、父親も母親も職員、そしてその息子も職員であれば、その妻も職員に入れ、娘であればその夫も職員にするといった具合で、まさに一族郎党、みんな職員という例は珍しくありません。だから、職場で悪口などいえません。身内だらけなので、すぐに漏れるんです。

だいたい、一次試験は面接で、まず、誰の紹介か聞かれ、身内が職員にいれば断然有利になります。その後、筆記試験がありますが、十八歳から三十二歳まで受けられますから、一回落ちても四回、五回と何度でも受けることができます。答案用紙を白紙で出して、職員になったという人もいますわ。議員枠では、まずその議員の後援会に入り、議員が職員課に紹介して職員になるんです。その場合、三百万円が相場といいます。過去に全額渡したものの落ちたことがあったため、いまでは試験前に半分渡し、受かれば残り半分渡すといいます。サラ金から三百万円借りて、議員に渡したという親もいます。すべて口約束ですから、落ちても文句もいえず、闇から闇ですわ」

さらに、驚くべきことに、職種変更や昇進にまで、「かつては五十万、いまでは百万、二百万円の金が動くといわれ、これに議員も関与しているとの噂も絶えません」。

この職員は、実際、複数の議員の実名を挙げて口利きで無試験で職員になった実例を生々しく語った。

横行する縁故採用

こうした口利きや縁故採用は、何も環境事業局だけではない。七千九百人の全職員のうち七千六百人が労組員であり、大阪市労連の中核部隊といわれている通称・大交（大阪交通労働組合）を抱える大阪市交通局でも同様のことがあるという。

自らも、「コネで交通局に入った」というある現職職員は、次のように語る。

「地下鉄やバスなど現業部門の七割から八割の職員がコネですわ。議員に三百万円包んだとか、いや俺は五十万円で済んだとかいう話が当たり前のようにあります。議員の口利きは、電話一本で行なわれ、採用窓口の人事担当は、頼まれた入局志望者の履歴書に、その議員のはんこを押して、『先生、ちゃんと処理しときました』と連絡する仕組みです。議員のはんこが押された履歴書の入局希望者は、当然、有利です。議員の口利きで入局した職員には、職場でその議員後援会を組織し、『俺は、○○先生の応援団長や』と、議員が自分のバックにいることをひけらかして、威張っている者もいますわ。同和枠の採用など、局の人権研修会で講師が公然とみんなに説明しているほどですわ」

それにしても、なぜ、これほどの不正と厚遇が横行してきたのか。先の告発文書は、「組合（大阪市従業員労働組合環境事業局支部）の要求を無条件に（市当局が）受け入れてきた結果である」と、当局と組合との癒着の構造をこう指摘している。

「本市（大阪市）では、労働組合と波風を立てないことが、調整能力に優れていると評価され、（幹部職員は）今後の自分のポストに直結するからである。逆にいえば、労働組合ともめれば、人事評価で調整能力なしと判断され、今後の処遇に差し障りが出るので、従来から労働組合の要求はなんでも呑んで、無難に終わらせてきた。現実にそうした人物が局内で要職といわれるポストを渡り歩いており、局内の人事を動かす部署の幹部職にまでのし上がっている。異議を持つ人間は現場などの閑職に追いやられ、決して中枢ポストにつけられることはない。逆に同調するような要領がよいだけのイエスマンや幹部職員のお気に入りだけが高い評価を受け、重用される。仕事への取り組み姿勢や技量といったことは環境事業局では一切無関係である」

さらに、この「労働組合様々」といっても過言でない当局の姿勢は、労働組合がまるで職場の支配者であるかのような職場環境をつくり出したと、体験談を交えてこう告発していた。

「彼ら（労働組合）は自分たちの要求が通らない場合は作業自体を放棄しかねないわけである。市民から苦情の電話が勤務先の事務所に何本もかかってきたことがあったが、彼らはそれらすべてに対して本庁の電話番号を伝え、本課に苦情電話を集中させるような対応をとった。それを実際に間近に見たときはさすがに唖然とした。常識はずれの法外な要求をして、それが通らなければ、『労使の信頼関係を踏みにじり』と問題をすり替えるのが彼らの常套手段である。局側も事なかれで終わらせようと要求はなんでも受け入れてきたため、彼らは自分たちは強い影響力を持っているものと思い込み、ますます増長するという悪循環に陥っているわけである」

さきの現職の環境事業局職員は、組合幹部優遇の一例として、交通費問題を挙げた。書類上は、電車やバスなど公共交通機関を利用して通勤していることになっているが、実際は、自家用車で通勤。局事業所の敷地に堂々とその車を停めており、事実上、交通費をネコババしているのに、局側は黙認しているという。組合幹部がこんな体たらくだから、他の職員も同様のことをやっているという。

もちろん、選挙ともなると、「身内候補」ということで従業員労組出身議員の応援体制が組まれ、組合事務所はたちまち、「選対事務所」に変身。仕事に従事せずに給与だけもらっているヤミ専従と呼ばれる組合幹部の指揮のもと、組合員は運動員として、候補者の練り歩きである桃太郎やメガホン隊として動員されるという。給与から差し引かれる組合費から、その選挙運動資金が出るが、その組合費も「二重、三重帳簿になっており、何に使われているか正確にはわかりません。最近も、上部団体である連合大阪が、難民に寄付したと新聞記事に出ていましたが、これなんか、組合幹部が『カンパ代千円、今月の給料から引いとったからな』と、本人の了解なしに、一方的に通告するだけで終わりですわ」

さらに、こうした不正が長年にわたってまかり通ってきた背景に、「マスコミの責任もある」と、こうも言う。

「組合幹部は、『市政記者クラブの記者に、飲ませ食わせしている』と公言し、『マスコミなんか俺たちの思いのままになる』と豪語していました。職場にマスコミが取材にくる際、事前にどこの社がどんな内容で取材に来るのか知っており、当日は、日ごろのでたらめな勤務ぶりがばれないよう、取り繕っていました」

交通局でも、組合幹部厚遇は当たり前である。別の現職の職員によると、昇任試験の際、組合幹部には、試験問題を事前に全部教えるが、一般の組合員には半分だけしか教えないという。もちろん、組合に反抗的な職員には、何も教えてくれない。こうした不正行為は、日常普通にまかりとおっているという。

交通局の場合、市長選挙であれ、議員選挙であれ、選挙ともなると、組合から動員費として、一回三千円が支払われるという。

組合幹部厚遇のダイヤ編成まである。局内で「888ダイヤ」と呼ばれる午前八時半から午後四時半までの予備勤務のことである。このダイヤは、書類上にだけあるもので、実際は存在せず架空のダイヤだという。理由は、組合活動に専従する幹部が、このダイヤで職務についているということを外に説明するためにつくられたものだという。

「そこまでやるか」と思うほどの組合幹部に対する特別扱いだが、この職員によると、カラ残業問題を契機に〇五年四月から、営業所単位では支部長、副支部長が行なっていたヤミ専従は廃止され、組合事務所には支部長しかいなくなったが、この支部長は「四月以来一度も、（バスの）ハンドルを握ったことはない」という、事実上の職務免除になっていた。

バスがバスなら、地下鉄の組合幹部優遇も同じだ。共産党の小南かおる市会議員によせられた内部告発文書によると、現職の地下鉄職員が、「大阪市のガンとは、組合員のなかでも労働組合幹部」と指摘。

大阪交通局労組幹部の厚遇について、こう告発している。

「交通局は、本部役員だけではなく、支部役員も手厚く『厚遇』されています。九十四人の中央委員中、九十人がヤミ組合専従者で、それに、十三人の本部執行委員（青年委員長、男女共生委員会女性委員長も含む）計百三人が、交通局もヤミで認めた手厚い保護のもと、仕事もせず、しかも日勤で遊ばしてもらい、選挙ともなれば、本部から、後援会名簿作成、組合員が居住する選挙区での『民主党候補』への投票依頼と知人紹介はがきの記入、勧誘作業などが指示されます。

組合事務所が地下であれば、駅員や助役がもらえる『地下手当』も出るし、普段は私服でうろうろしている、何も仕事をしていない組合役員に『制服』『防寒服』『靴』『手袋』『ワイシャツ』『ネクタイ』など、隔離勤務している人と同じものを貸与・支給しています。

各支部一名の互助会評議員と健康保険組合会議員には、年間六万五千円の活動費が支給されています（五年前までは現金だったが、税務署がうるさいからと金券や図書券になった）」

「大阪市から互助組合連合会（互助連）に振り込まれるカネから、大阪タクシー協会のタクシー券が二万円まで使えるよう、組合の互助組合・健保理事にいつでも何枚も手渡されます。このタクシー券は、本部執行役員のいうことをよく聞く支部役員ももらって、ミナミで遅くまで飲み歩き、帰りのタクシー代に化けています。これとは別に本部でも執行委員は、組合タクシー券もたくさんもっていて、大企業の社長なみの結構な人生を送っています。

『いまは、マスコミのやつらや市会議員がうろうろしていてうるさいので、当分の間、自分の職場に行っていて、午後は組合事務所に帰り、普段どおりしているように』と、ほとぼりが冷めるまで、指示しています」

そうして、この告発文書は、こんな皮肉な言葉で締め括られていた。

「当局も了解済み」「労使協調路線は素晴らしい、なんでも隠しあい傷を舐めあいます」

同議員へは、別の地下鉄職員からのこんな内部告発文書もよせられた。

「マスコミや市会議員から『厚遇』『ヤミ専従』と、私たち一般の組合員が悪いように言われているが、本当に悪いことをやってきたのは、労働組合幹部です。大阪市に出させた互助組合へのカネのほとんどを組合幹部が好きなように使い、今年（〇五年）三月末で定年退職した組合支部長は、支部長になってからずっとナンバのマージャン店通い。副支部長から『勤務中にマージャンばかり行くなら支部長をやめてもらう』とまで言われおとなしくしていたのは、最初のうちだけ。副支部長が来ていない時や休みの時はマージャンばかりで、完全な職場放棄です。しかし、高速部長が付いているからと遊びまくっています。

当時の運輸長さんも、見て見ぬふりで、運輸長がいわないから私たち後輩もいえませんでした。そのうち、運輸長は大交労組の委員長に管理課長にさせてもらったそうです。内密のタクシー券もしかりで、飲み食い、タクシー代と使い放題です。そうして、『部長、部長』といってくる組合支部長の言うことは聞き、タクシー券もあげる。公金を私物化して勢力を拡大、当局から人事権をもらい、逆らうものは、他の職場に異動させる。だから、だれもものを言えない『暗黒政治』です。

現在、市民から激しく言われている血税横領問題は、組合いいなりを許してきた当局幹部も悪いと思います。支部長は、大交労組のヤミ専従者は、百人以上といっていましたが、年間七百万円の所得なら十年間で七十億円も『ヤミ給与』としてもらっていたことになります。

組合幹部が好きに使ったカネは、組合幹部から返させてください。これを認めてきた交通局幹部も同罪です。新聞に掲載された一月から四月までの（ヤミ専従に関する）調査期間なんかで何がわかるのか。ここでも市民を裏切っています。当局幹部の人達は、自分に責任が来るから隠し通そうとするのですね。組合員いじめをして市民の税金を掠《かす》め取る。もうやめにして市民に信頼される交通局に生まれ変わる。人心を一新して、それしか交通局の再生はないのと違いますか。すべてのウミを出すときでしょう。こんな職場はもうみんなやる気が起こらないと言っています」

まさに、關市長（当時）がすすめている市政改革が、いったいどれほどのものか、舞台裏を暴いた証言である。

増え続ける職員の「不正」と「非行」

こうした労使協調による不正行為は、いちいち取り上げたらキリがないほど多いが、当然、結果として職員のモラルの低下や腐敗を招く。

さきの環境事業局職員は、職場の荒廃ぶりについてこう言って嘆く。

「茶髪や金髪、あるいはメッシュを入れる、または鼻ピアスや刺青を入れた職員はどこの事務所にもいてますわ。現役のヤクザもいますよ、それも複数です。それもチンピラやない、組直結のホンモノですわ。職場で、何十万、何百万円と額が大きい賭博も行なわれています。公になっていませんが、逮捕者も出ています。それに、盗難が多い。それも、ロレックスの時計とかネックレスとか、高価なものが多い。局から支給される、下着とか長靴、カバーなんかもしょっちゅうなくなる。サイドビジネスで職員相手にヤミ金やったり、ヤクザと組んで水商売をしている職員もいますわ。とっくに警察に逮捕起訴されていたのに、当局と組合で長い間、表沙汰になることを隠していた。局内の大がかりな融資サギグループの一員がこの十月下旬、マスコミが動いたことで、やっと懲戒免職になり、新聞沙汰になった」

交通局でも、「金髪はもちろん、営業所の一人か二人は刺青を入れており、現役のヤクザもいる」という。

さらに、「かつて、地下鉄の助役ら三人の職員が若い女性に電車内で集団で痴漢行為をしていたことが新聞沙汰になりましたが、最近もある営業所で女性を十人がかりで、レイプしたとの噂も出ています。とにかく、職員の非行が多い。それも、新聞に出れば仕方なく処分するが、出なければ闇から闇にもみ消されるケースが多い」。

大阪市は、〇五年からホームページで職員の非行を公開するようになったが、〇四年度の懲戒処分件数は二百三件。うち、傷害・暴行、窃盗、わいせつ事件などで逮捕

■大阪市2005年度の懲戒処分等の件数

〈( )内の数字は前年2004年度〉

		免職	停職	減給	戒告	合計
1	給与・任用に関する不正				1(0)	1(0)
2	一般服務義務違反関係		5(5)	48(5)	87(149)	140(159)
3	一般非行関係	15(9)	5(3)	15(8)	4(0)	39(20)
4	収賄等関係	5				5(0)
5	道路交通法違反	2(1)	11(3)	2(1)	4(9)	19(14)
6	監督責任			2(5)	9(5)	11(10)
	合　計	22(10)	21(11)	67(19)	105(163)	215(203)

「1. 給与・任用に関する不正」……諸給与の不正領収等
「2. 一般服務義務違反関係」……秘密漏洩、職務専念義務違反、兼業等
「3. 一般非行関係」……傷害、暴行、窃盗、わいせつ事件等
「4. 収賄等関係」……収賄、横領
「5. 道路交通法違反」……私事上及び公務上の交通事故事件、道路交通法違反事件
「6. 監督責任」……業務上の事件に関する管理監督責任者の処分事例等

されるなど懲戒免職処分になったのは、十人。それが〇五年度には懲戒処分は倍の二十二人と、ハイペースで増加しているのだ。

そのなかから〇五年中にマスコミに報道された事例のいくつかを紹介すると……。

▽〇五年一月三十日ごろ、大阪市港湾局施設保全事務所職員（三十一）が、テレクラで知り合った女性を大阪市浪速区内のホテルに連れて行き、カッターナイフで脅迫。ロープで手首を縛り、現金一万五千円を奪ったとして大阪府警浪速署は、三月十日に強盗容疑で逮捕。

▽大阪市は、五月九日までに、市内のパチンコ店で現金や小切手が入ったセカンドバッグを置き引きしたとして南署に

窃盗容疑で逮捕され、その後、不起訴になった阿倍野区役所職員を停職三カ月の懲戒処分。

▽同僚のキャッシュカードを盗み、百二十六万円を引き出したとして住之江署は六月十七日、水道局職員（三十五）を窃盗容疑で逮捕。「飲み代やパチンコ代が欲しかった」と供述。

▽虚偽の死産届で出産一時金を騙し取ったとして、旭署は七月十二日、大阪市旭区保健福祉センター職員（五十三）を詐欺と有印私文書偽造、同行使容疑で逮捕。旭区では、他にも三十七件の不自然な死産届などがあり、同署はこの職員がかかわった疑いがあるとして調べている。市によると、職員の逮捕者は、把握しているだけで十六人目。

▽九月二日、阪急電鉄千里線の車内で、大阪市交通局職員（二十五）が、大阪府内の女子高生の下半身を触り、東淀川署は、痴漢の現行犯で逮捕。

▽十月五日、大阪府警布施《ふせ》署は、出会い系サイトで知り合った女性二人に暴行し、現金を奪ったとして大阪市交通局職員（二十二）ら三人を逮捕。三人は四月十八日夜から翌日未明にかけて、東大阪市内のカラオケ店で二人の飲み物に睡眠薬を入れ、車で同市内の公園や駐車場に連れ込んで二人に性的な暴行を加えた上、二人に軽い怪我をさせ、所持金四千五百円やキャッシュカードなどが入った紙袋を奪って逃げていた。

▽大阪府警と旭署は十月八日、大阪市交通局職員（四十一）を、八月一日午後、大阪市城東区内の路上で、自転車で帰宅途中の女性にミニバイクで近づき、前かごから約一万三千円入りのかばんを引ったくった疑いで逮捕したと発表。余罪十六件、約六十万円も自供。市バス運転手だったが、「将来民営化される」と、地下鉄技術部門に異動し、「月給が二十万〜二十五万円減って、小遣いが減った。家の借金もあった」と供述。

この不祥事一覧のなかで、引ったくりで逮捕された交通局地下鉄勤務の男の供述は、冒頭で指摘したように高額といわれてきた交通局の市バス運転手の給与のカラクリ、そのものでもあるのだ。

大阪市市政改革本部（本部長・關淳一市長）が〇五年発表した「市政改革マニフェスト」によると、大阪市営バスの運転手の年収は〇四年度八百一万円（四十三・六歳。名古屋市・八百九万円＝四十五・二歳、横浜市・七百八十万円＝四十二・七歳）だが、うち、本給は半分にもみたない三百八十万円である。残りは、ボーナス百七十四万円、超過勤務手当百十七万円、その他手当百三十万円と、高額といわれている給与は、残業代、その他手当込みというのが実態なのだ。

だから、長時間労働手当の給与がない職場に移れば、たちどころに、給与は、ガタ減りする仕組みになっているのだ。同じ現業である環境事業局の職員の間でも、「改革マニフェスト」で、「調整額」が廃止されるところから、「この一年間に年収で百二十万円の減収になった。まだ減り続けているので、今後、生活していけるかどうか不安。民営化されればなおさらだ」という声があがっている。

本給は安いが、手当は厚いという歪んだ給与体系をつくってきたのは、ほかならぬ労使協調体制であり、各種手当を「成果」として宣伝してきたのが、労組だった。そして、組合幹部は組合を退任すれば、係長、課長、部長と出世コースを歩み、退職後は外郭団体に天下り。また、互助会の役員としてうまみを享受する一方、役員退任となれば、「退任記念品料」名目で、金品を受け取っていたのだ。厚遇問題のルーツは、まさに労使癒着にありである。

〇六年三月、大阪市は、ヤミ退職金・年金、スーツ支給、ヤミ専従など、職員厚遇で不適切としていた〇五年度の公費支出のうち、十二種類計百五十三億円を回収したと発表した。〇四年度分を含め回収額は、計約三百億円にのぼる。

市はこの三月の返還で、「ゆりかごから墓場まで」と揶揄された一連の厚遇問題の区切りとしたい考えだが、「マニフェストにもとづく、新年度からの職員の労働条件の改廃は、組合員には一言の相談もなく直前になって当局から突然発表された。すでに昨年十二月の段階で、労組幹部と市当局との間で話し合いがついていたという。これでは、いつまでたっても労使協調路線は変わらないということになる。実際、四月の人事異動を前に、一部の組合幹部が議員も使って、自分の希望する職場への配転のため動いていた」（現業市職員）という話もあり、労使癒着の体質は、変わらないようだ。〇六年十月からの粗大ゴミ有料化を前に市民から回収依頼の電話がいつもの四〜五倍も殺到し、環境事業局の電話はパンク。ファックスでも受けつけることになったが十月末になっても回収しきれていない。ところが、「市職員の粗大ゴミは早い段階で各環境事業センターに持ち込まれ、パッカー車に積み込んでいた」（環境事業局職員）というのだから本当に懲りない面々なのだ。

關市長が昨年の再出馬で掲げた「市民による市民のための市政」づくりは、たとえ、どんなマニフェストを出したとしても、実現にはほど遠いようだ。

議員口利き問題

さて「厚遇」は、職員に限ったものではない。議員もそうだ。その象徴的な事例が大平前助役が問題にしていた「議員口利き」だ。利権にからんで職員に圧力をかける口利き問題の背景には、大阪市政と与党との癒着があることはあきらかで、過去四十年間にわたる「中之島一家」体制を支えてきた大きな柱の一つだったことは間違いない。

その典型的な例は市発注の公共工事にともなう指名競争入札をめぐるものだ。その一つは、一九八九年の公費乱脈事件以来の市議会事務局の捜索といわれた九九年六月の現職市議による競売入札妨害、あっせん収賄事件。大阪府警に逮捕されたのは、大阪市生野区選出の中村好男市議（当時）と地元生野区の建設業者「O工務店」（当時）のO社長。

公判での検察側冒頭陳述などによると、九六年七月に入札があった生野区内の道路工事をめぐり、入札前日、中村議員は所属会派である社会民主党・市民連合控室に契約担当の市財政局管財部調度課第一調達係の担当者を呼び出し、「これは返しの物件とちがうんか。わしの立場はどうなるんや。せめて設計金額だけでも言えるやろな」と、迫ったという。これに対して担当者は、「グロスで六千二百から六千四百くらいです」と、設計金額が消費税込みで六千二百万円から六千四百万円の間であることを教えた。しかし同議員は納得せず、さらに詳しい数字を聞きだそうと「二百万も差があるやないか。上か下か、どっちや」と問い詰めたため、担当者は「低かったらドッスンしますわな。高い方が安全と違いますか」と、設計金額を六千四百万円に近いものと考えた方がいい、と答えたという。

一般的に入札書比較最低制限価格（大阪市契約規則に定められた入札下限価格）は、設計金額の八割というのが業界の常識だった。同議員は、担当者から聞き出した設計金額の概数をすぐにO社長に連絡。同社長は、設計金額から消費税を差し引くなどして割り出した四千九百六十二万円で入札し、工事を落札。後日、謝礼として中村議員に落札金額の三%にあたる百五十万円近い金額を賄賂として贈ったという事件である。

なぜ、市担当者は設計金額の概数を中村議員に教えたかというと、同議員に対して「弱み」があったからだ。というのも、同じ生野区内で九五年暮れ入札があった緑地工事で、O工務店が落札を狙ったものの、大阪市浪速区の大手業者が指名競争入札に参入し、工事を落札する動きがあることを察知。そのため、O社長は、中村議員を通じて、さきの調度課の担当者に働きかけ、大手業者の参入を排除するよう求めた。しかし、別の市会議員からの要請で、調度課の上からこの大手業者を指名競争入札参加業者に選定することを求められていた担当者は、中村議員の要請を断らざるを得ず、結局、浪速区内のこの大手業者が緑地工事を落札したという経緯があった。

このため中村議員は、O工務店の信頼を失うことを心配し、一方の担当者は同議員に負い目を感じていた。九六年七月入札の道路工事は、緑地工事を落札できなかったO工務店にとってどうしても落札したい工事であり、市の担当者にすれば、中村議員に対する負い目を払拭する機会であり、また、同議員にとっては有力後援者であったO工務店の信頼を回復する工事だった。さきに、中村議員が議員控室で、担当者に「これは返しの物件とちがうんか」と、O工務店が落札できるよう、設計価格の漏洩を迫ったのは、こうした経過があったからだった。

逮捕された中村議員は、もともと大阪市環境事業局のアルバイト職員を経て正規の職員に採用され、大阪市従業員労働組合の青年部長を歴任後、八七年旧社会党の公認候補として立候補し、当選。逮捕された当時は、四期目の無所属議員だったが、三期目半ばまでは、市従労組特別執行委員の肩書きを持ち、同労組お抱えの旧社会党所属議員（のちに社会党解党にともない、あらたに結党された社民党会派に所属）だった。しかし、政党再編で結成された民主党会派に所属しなかったため、民主党支持の市従労組特別執行委員の役職を「解除」されていた。

市役所内外では、「いつもブランドもののスーツとネクタイ」で身を固め、「歩くブランド男」と陰口をたたかれ、酒は飲まないが、カラオケが得意な「下町の杉良太郎」と自称するなど派手な生活が噂になっていた。

一方、O工務店のO社長は、元暴力団関係者で、事業を起こしたのは八五年ごろ。九二年秋に中村議員と知り合い、翌九三年一月、大阪市の公共工事受注の後ろ盾になってもらうことを狙って市内の料亭で接待。同議員もO社長に有力後援者になってもらうことを期待し、関係を深めた。O社長は、〇〇年に区内の土木業者に呼びかけ、同議員の後援会を結成。また同議員は同社長が主宰する生野、平野、東住吉三区の土建業者三十数社でつくる親睦団体「二十日会」の顧問に就任していた。

O工務店は、同業者の間では「現場監督も出せない、請負った公共事業に見合う施工能力のない」、「丸投げ会社」とも指摘されていた。

O工務店が受注する工事の大半は、生野区内の工事で、立件されなかったものの、中村市議との間で、現金四百万円の授受があったともいわれている。O社長は、翌九九年七月にも、生野区内の府立高校体育館工事で自民党府議にワイロを贈ったとして贈賄容疑で逮捕されるなど、札付きの悪質業者だった。

この事件で、中村市議の妻が代表者を務める土建会社の存在が明るみに出た。「春陽建設社」という名称で、市発注の水道、道路補修工事を落札し、いずれも同市議が顧問を務める「二十日会」メンバーの建設会社が下請けに入り、「同社は、落札価格の差額約二百五十万円を利ざやとして得ていた。また、O工務店が落札した市発注工事十一件を下請けとして総額二千九百万円で受注していた。同社は従業員のいないペーパーカンパニーだった。事件発覚後、市議会で「ペーパーカンパニーが市の指名業者に登録されていた」と、大阪市の入札参加資格の審査が甘いことを指摘されたが、市側は「業者の審査は書類に頼らざるを得ず、業者への立ち入り調査の権限もない」と、開き直った。

土建業者との深い関係を持っている市議の口利きは、業界では「メーキング」と呼ぼれていた。地元選挙区で行なわれる公共事業の規模や時期などの情報を市から集めたり、参加業者選定に後援会業者が参加できるよう、市担当者に働きかける。また、入札情報を聞き出し、業者に流し落札させ、入札価格の三～五％を謝礼として受け取る。この一連の作業を裏で行なうことを意味しているが、中村市議がやったことは、まさにこの「メーキング」だった。

九九年十一月、この事件について大阪地裁は「選挙で業者の支援を強固にするための犯行。当時の大阪市の入札は談合が日常的に行なわれ、犯行を生む素地があった」と、中村元市議に有罪判決を下し、確定した。

「競売入札妨害事件」で市会議員を逮捕

「大阪市の入札は談合が日常的」という中村事件の大阪地裁の判決内容は、翌二〇〇〇年にも再び立証されることになった。

二〇〇〇年九月、今度は天野一《あまのはじめ》・市会議長（当時、自民党）が、大阪市の調度課課長から設計価格など入札情報を聞き出し、入札参加業者に漏らしたとして競売入札妨害容疑で大阪府警に逮捕されたのだ。公判での検察側冒頭陳述などによると、情報漏洩の対象になったのは、九五年十二月下旬入札があった地元住吉区の市営南住吉第三住宅の電気設備工事で、事前に市入札担当課の責任者だった元財政局調度課課長（逮捕当時は市の外郭団体に出向）から、市会面談室で、同工事の設計金額の概算額は消費税込みで一億五千五百万～一億五千六百万円であること、設計金額から消費税分を引くと予定価格（入札書比較価格）の概算額となり、予定価格の八割相当額が最低制限価格であることなどを聞き出した。

天野議長が元調度課課長から聞き取りした訳は、住吉区に本店を置く市の出入り業者で、天野議長の政治資金管理団体・青濤《せいとう》会代表でもあったA社社長（競売入札妨害、贈賄容疑で逮捕）から、「一億を超える工事であり、うちがどうしても取りたいが、談合に応じないJV（ジョイントベンチャー）がいる。確実に落札するためには、最低制限価格や予定価格を教えて欲しい」と要請されたためだった。入札価格情報を入手した天野議長は、早速、A社社長に設計金額などを伝え、A社は、一億四千七百万円で落札した。

一方、談合に応じなかったのは、大阪市西成区の業者・B社。A社側は、B社側と交渉し、落札価格の一〇％相当額を支払うという条件で最終的には、同意を取り付けた。このため、同社の実質的な経営者だった専務も、競売入札妨害容疑で同様に逮捕された。天野議長がA社社長から入札情報の見返りとしてワイロである茶封筒入りの百万円を受け取ったのは、入札日の翌日だった。

天野議長（〇〇年十月十八日付で議員辞職）は、他の工事でも市担当課長から入札情報を聞き出し、やはり、営業部長が同議長の選挙資金管理団体・青濤会の会員だった大阪市住之江区の土木建築会社C社に漏らしていたとして同年十月にも再逮捕された。

対象になったのは、テクノポート大阪計画の一つとして大阪市港湾局が大阪南港・咲洲ですすめていた六工区に分けた運河整備工事のうち一工区。入札が行なわれたのは、九七年十二月下旬で、C社が一億千三百万円で落札した。

入札一カ月前の同年十一月下旬、かねてから天野議長の支援者で、選挙運動も手伝い、青濤会会員でもあったC社の営業部長と常務（ともに競売入札妨害、贈賄容疑で逮捕）は共謀し、同工事の入札参加業者になることと、入札情報を得るため天野議長に相談することを決定。依頼を受けた天野議長は、入札の担当者だった港湾局庶務課課長に電話を入れ、C社を入札参加業者に加えることと、入札価格を教えるよう頼んだ。

これに対して、庶務課課長は、ベテラン議員だった天野議長の機嫌を損ねるのを恐れ、C社を入札参加業者に入れるとともに、「一、一、四」と、工事の入札書比較価格（予定価格から消費税を抜いたもの）が、一億千四百万円であることを教えた。この数字はただちにC社に伝えられ、同社は予定価格から百万円を引いた一億千三百万円で落札した。C社常務は、その日のうちに天野議長が理事長をしていた学校法人・

天野学園を訪ね、応接室で落札金額の二%にあたる二百万円を謝礼として天野議長に渡した。天野議長はこの二百万円を交際費や秘書の給与、韓国旅行などに使ったという。天野元議長は、〇一年三月、大阪地裁で有罪判決を受け、確定した。

もともと、天野事件発覚のきっかけになったのは、前年の中村事件で大阪府警が押収した、元調度課課長が議員との面会記録などを記した過去三年分のメモ帳の内容からだとされている。同メモ帳には、与党議員の名前十数人が記されていたといわれ、実際、複数の与党議員の名前が口利き議員として飛び交うなど、市議会は戦々恐々となった。

天野元議長は、祖父、父、そして本人と三代にわたる五期目の三世議員だった。日ごろから、建設業界に顔が利くことで知られ、公共事業をめぐって、市の担当者を呼び出しどなりつけるなど、こわもて議員としておそれられていた。逮捕されたのは、「クリーンな大阪五輪招致」を訴えるためのシドニー五輪視察旅行から帰国した直後のことで、待ち構えていた府警から出頭を求められたが拒否、病院に入院していた。

この年の七月、市会議長就任を祝う会費二万円の政治資金パーティーを開催し、同市の局長や部長級幹部ら約五十人を含む市関係者百人が勤務時間帯にもかかわらず出席していたことがマスコミに取り上げられ、批判を受けたばかりだった。

八九年の公費乱脈事件の際、二期目で議会交通水道委員長を務めていた天野元議長は、地下鉄値上げ案を審議中に、市交通局の接待を受けたとして名指しされ、乱脈事件で逮捕された課長代理に飲食代金をツケ回ししたり、接待を受けたりした他の三人の議員とともに、自民党市議団総会で陳謝したことでも知られている。

事件にはならなかったものの、〇三年には元市会議長の改発康秀《かいはつやすひで》市議（自民、平野区選出）が、平野区に開設された特別養護老人ホームの建設費の中から八千万円を受け取っていたことが発覚している。同老人ホームの建設費は総額約二十九億円で、うち約二十一億円は市の補助金で賄われていた。工事は、金沢市内の建設会社が予定価格の九九・八九％の約二十九億円で落札したが、改発元議長の説明などによると、同元議長の後援会事務所の元所員が、金沢市内の建設業者に複数の下請け業者をあっせんし、業者らに、「建設会社は上乗せした金額で下請け発注するので、上乗せ分は自分のところに持ってきて欲しい」と指示した、という（「読売新聞」〇三年六月二十三日付夕刊）。改発元議長は「政治資金として使って欲しい、と言われ受け取った」（同）ものの、政治資金として届け出ず、マスコミ報道前に個人的に使ったとして、〇三年三月、所得税を全額修正申告し、約三千万円を納めていた。

関係者によると、同老人ホームは改発元議長と深い関係にあり、開所式では改発元議長が主賓であいさつしたという。

天下りで天国から極楽へ

ある市職員OBの一人は、厚遇問題の最中、「中之島一家を支えてきた職場支配の大きな柱は、退職後の身分保障だった」と、こう指摘していた。

「私は、ノンキャリアで市役所に入庁して四十一年間、退職するまでずっとヒラの職員でしたが、同じくノンキャリアで同期に入庁した職員は、当局派の組合幹部トップを経て五十七歳で退職し、すぐに外郭団体に就職。そこでナンバー2に出世し、一千万円前後の年収をもらってました」

民間との共同出資による第三セクターや出資金の二〇%を出している大阪市のいわゆる監理団体である六十六団体に、その監理団体がさらに二〇%を出資している孫団体、さらに毎年補助金や委託金を出している半官半民の官制団体を加えると、大阪市と関係の深い団体は百四十六団体にのぼる。その数の多さは、全国の自治体のなかでも突出しているが、〇六年三月、大阪市福利厚生制度等改革委員会がまとめた天下り調査（〇五年十月一日現在）によると、この百四十六団体に再就職している市幹部OB（課長代理級以上）は、八百三十二人にものぼるなど、市役所一家がOBを支える構図があらためて浮き彫りになった。

　このうち六十六の外郭団体は、幹部ＯＢを含めて市退職者約三千五百人の再就職先になり、市から約一千億円分（〇四年度）の業務委託を受けていたことが厚遇問題の最中に明るみに出て、市民の批判を浴びた。このため、大阪市は、今後、外郭団体を減らすこととし、すでに一部を民間業者に売却、縮小の方向に乗り出している。また、六十五歳以上の役員は、二十九団体で四十九人、うち七十歳以上が二十二人、なかには八十歳以上もいる。このため、局部長級は原則六十三歳で退職させることを原則として、六十三歳を超えて在職する場合も六十五歳を上限とすることにした。また、〇二〜〇四年の三年間で約千五百人に計十三億五百万円を支給するなど二重取りを批判されていた退職金を全廃する方針だ。〇四年度から、役員報酬の上限を最大三百六十方円引き下げたが、それでも、役人天国であることに変わりはない。

　この三月の調査でも、この六十六団体への大阪市からの委託料は年間約九百三十四億円、別に補助金約六十六億七千万円を支出するなど、ＯＢの天下り先に対する手厚い保護に変わりはない。しかも、この六十六団体の借金総額は約七千四百二十二億円（〇四年度決算）にも達し、うち大阪市からの借金が二六・五％・千九百六十七億円と四分の一を占めるなど、ここでも市民の税金でＯＢの再就職が成り立っている有り様だ。ちなみに、この外郭団体を加えた大阪市の関連団体百四十六団体に対する大阪市の委託金は、約二百一億円にも達し、別に補助金として約五十五億円が支出されるなど、年間総額二百六十億円ものカネがばら撒かれているのである。ついでにいうと、百四十六団体の借金総額は、七千八百七億円にものぼり、うち二五％・千九百七十億円が市からの借入金残高である。

さきの市OBは、異常に多い大阪市の外郭団体と天下ったOBが果たしてきた役割について、こうも指摘する。

「市職員が天下りした外郭団体や関連団体は、選挙ともなると集票マシーンになります。西尾市政の二期目の選挙のとき、大阪駅前ビルで市幹部やOBらが裏選対をつくり、電話作戦など市役所ぐるみで行なっているという情報をつかみ、共産党議員らが現場に乗り込んだことがあります。これに対して、市幹部らは、議員を後ろから羽交い絞めにして調査を妨害、中之島体制の強固さに驚いたことがあります。彼らは、事前に察知していたのか、証拠隠滅を図っていましたが、ごみ箱のなかから出てきたちぎった紙切れをつなぎ合わせたところ、電話作戦のための名簿だということがわかり、あらためて市役所ぐるみ選挙が立証されましたが、五代続いた助役出身市長による中之島体制は、こうして続いてきたのです」

六十六の外郭団体のなかでも、地下鉄の定期券販売を独占的に請け負っている大阪市交通局の外郭団体・大阪市交通局協力会が、福利厚生名目で、「大阪ドーム」の特別観覧室を一億一千万円も出して利用契約を結んでいたことが発覚し、その贅沢ぶりで世間を驚かせたが、なかでも労使癒着の産物として批判を浴びている外郭団体が地下鉄の券売機を管理、忘れ物の取り扱い業務などをしている「大阪市交通サービス株式会社」と市営バスの運行業務を請け負っている「大阪運輸振興株式会社」だ。ともに社長は元交通局幹部だが、二社とも資本金一千万円のうち二五％・二百五十万円がなんと大阪市交通労働組合出資の外郭団体なのだ。それぞれ、五百人を超える市ＯＢや労組幹部の天下り先になっているが、交通サービス、運輸振興の市からの委託金はそれぞれ総収入の九四・〇％、九七・六％という、外部団体といいながらも、実態は、大阪市交通局丸抱えの会社なのだ。

このうち、「運輸振興」は、交通局から委託された清掃業務を別の企業に丸投げ、年間約四千八百万円の「利ざや」を稼いでいたことが発覚し、〇六年一月、市監査委員から返還を勧告されるなど悪質さが際だっている。リストラで大阪市営交通バスの十一の営業所のうち四営業所が、順次、直営から同運輸振興に業務費託され、「運輸振興」採用の運転手が配置されているが、その運転手も長時間残業代込みで年収はわずか四百万円、それも一年間の契約社員だという、いつクビになるかわからない不安定な雇用条件、巷にあふれる悪質な派遣業者とさしてかわらないというのが実態だ。

關市長は、「改革マニフェスト」で、当初、市営バス・地下鉄の「公設・民営化」を公約していたが、関西財界の要求に応えて「完全民営化」を言い出している。すでに、十一の市バス営業所のうち一つを〇七年四月から民間の南海バスに業務委託することを決めている。このため、市職員の間では、さきに民営化が取り上げられた「環境事業局」とともに、「交通局解体」がもっぱらの関心事になっている。その「運輸振興」の有り様は、「外郭団体」が本体を食いつぶし、あげくに解体してしまうという、「官」から「民」へをスローガンとする大阪市の未来を象徴しているかのような実例だ。

大阪市福利厚生制度等改革委員会の調査では、民間団体への天下りの実態もあきらかにされたが、課長代理級のOBのうち、三百九十八人が天下っていた。このうち、二十八人が在籍した十五社では、〇四年度までの三年間の市発注工事の受注額は、十億円以上にのぼっていた。その他、物品購入額が三億円以上の十三社に十九人、設計やシステム開発受注が五千万円以上の四社に七人が天下るなど、過半数が取引企業だ。

民間企業への天下りは、「手土産（工事発注）付きが前提。そうでなければ、われわれも受け入れない。公共事業が減っているこの不況時ならなおさらだ」（大阪の建設業界関係者）というのは、業界の常識だ。

〇五年七月、大阪市民の台所、「中央卸売市場」（大阪市福島区）の建て替え工事をめぐって、工事を請け負った大手ゼネコンの共同企業体（JV）に、搬出してもいないコンクリート瓦礫の運搬費として大阪市が約四千万円も余分に支払っていた疑惑が発覚した。市は、処理費としてゼネコン側に一億千二百万円を支払っていたが、解体工事の一部を請け負った下請け業者に工事費が支払われていないことが内部告発で発覚。不審を抱いたこの下請け業者が情報公開請求で得た資料などから、コンクリート瓦礫の運搬処理量を示すマニュアル（産業廃棄物処理量）で、本来搬出されているはずの瓦礫量の三〇％しか搬出されず、別に請け負った業者が現場に埋め戻していたことがあきらかになったのだ。要するに、大阪市は仕事をしていない分までゼネコンに支払っていたというわけである。この問題は、住民団体が「不当支出」として住民監査請求を起こしたが、なんと、この工事を請け負ったゼネコンに、落札直後、当時の都市整備局、現在の住宅局の営繕部長が顧問として天下りしていたのだ。

工事費は当初百三十億円だったが、工事期間中（九九年七月～〇二年十月）に、計十回も設計変更があり、最終的に約百五十億円に膨らんだ、いわくつきの工事だった。絵に描いたような「手土産」付きの天下りの実例だが、筆者の手元にある近々の天下りデータによると、大手ゼネコンで市幹部の天下りが多い五社だけに限ると、飛島建設に三人、清水建設に四人、大成建設に四人、大林組に四人、熊谷組に四人が再就職している。

一回の受注額が数百億円にも達する焼却炉メーカーも市ＯＢのお得意先だ。〇二年、旧日本鋼管が受注した平野区ごみ焼却場建設をめぐり、市環境事業局部長が収賄で逮捕されたが、市とメーカー側との癒着は相変わらずで、大手のタクマが九四年から〇五年まで環境事業局の部長級を顧問として受け入れ、同様に日立造船、三菱重工もまた、長年、部長級を顧問として採用している。

一方、最近の天下り先として目立つのが社会福祉法人。乱脈同和行政の象徴として逮捕された小西邦彦・前部落解放同盟飛鳥支部長が理事長を務める社会福祉法人「ともしび福祉会」に、「人権センター」(旧解放会館)元館長が天下りしているほか、九施設に十九人もの市幹部OBが天下りしている。なかでも、疑惑の警備会社の関連社会福祉法人である「平成福祉会」には、民生局長が理事長として天下りするなど、いまや、認可ラッシュの社会福祉法人は、退職OBの受け皿化している。

同改革委員会の調査では、七五年以降退職した幹部職員四千二百五十人のうち約四割にあたる千七百二十八人が再就職しており、市幹部OBが一般のサラリーマンと比較して相変わらず退職後も「優遇」される実態は、今後とも変わらないようだ。せめて、現職時代の取引先や税金でまかなわれる第三セクターなどへの天下りが廃止されないかぎり、市民感情はおさまらないだろう。

お手盛り海外視察

議員厚遇は、口利きだけではなく、条例で制度化されたものである。

大阪市議会の場合、月百万円の議員報酬と月六十万円の政務調査費に加え、市会本会議や委員会に出席した場合、交通費の名目で一日一万四千円の「費用弁償」を支給してきた。

この費用弁償は、地下鉄・バスなどに無料で乗れる「議員優待」パスが支給されてきたところから、交通費の二重取りと批判され、すでに共産党が優待パスとともに返上していた。その費用弁償問題は、職員厚遇問題を議会で追及する議員自らの厚遇問題として跳ね返ってきた。とりわけ、七十歳以上の高齢者に対する「敬老パス」（地下鉄・バス）を「財政難」を理由に、關市政が廃止を打ち出したことから、この「交通費」の二重取りは、いっそう世論の批判の的になった。結局、〇五年十二月の市議会で与党も廃止条例を提案し、可決せざるを得なかった。同時に優待パスも返上することになった。

全国の各自治体で、本来、議員活動のために必要な調査研究に資することを目的に支給されているにもかかわらず、クラブやカラオケなど遊興費にあてたり、議員自らの事務所の維持経費に使うなど不明朗な支出が問題になっている「政務調査費」問題もある。さきにあきらかにしたように、大阪市の「政務調査費」は東京都と同じく日本一高い。その費用は、年間六億四千万円（議員定数八十九人）におよぶが、支出についての明細も記さず、領収書も証拠書類も添付しないままの収支報告書がまかりとおってきた。このため、全国市民オンブズマンの調査でも、大阪市会の支出報告書は、ワーストワンに選ばれるなど不透明ぶりが際立っていた。世論の批判を受け、今年度（〇六年度）から、ようやく五万円以上の支出に限って領収書を添付することになった。

毎年恒例となってきた豪華「海外視察」も、議員厚遇の一つだ。〇三年の市議改選後だけでも、〇四年二月、同九月の二回、自民、公明、民主、無所属の議員計三十人が参加（共産党は、海外視察は真に必要な場合に限ること、参加者数、日数とも必要最小限にすることを主張し、九四年以来、海外視察には不参加）して行なわれていた。

市会事務局が作成する海外視察の「帰朝報告」などによると、〇四年二月の視察は、アメリカのニューヨーク、ロサンゼルズ、サンフランシスコの各市を自民五人、民主五人、公明三人、無所属一人の計十四人が十日間にわたって訪問。職員二人も同行し、経費は一人あたり百八万円で、約十五万円のお土産代も含まれ、経費総額は千六百八万円。

九月は、ハンガリー・ブダペスト、ドイツ・ミュンヘン、イタリア・ミラノの各市で、都市名からして、初めから観光目的ではないかと思わせる視察だった。自民九人、民主四人、公明三人の計十六人が十日間訪問、一人あたり百二十一万円で、経費総額は千九百四十二万円もかけていた。

もともと、大阪市議では、四年間の任期中に一回、公費で海外視察を行なうことが慣例になっている。行き先は、各議員が北米、北欧、南欧、アジア・オセアニアの四コースから選ぶことになっている。〇五年は、厚遇批判の最中でさすがに中止されたが、それでも大阪市会の新田孝市会議長が、議長退任前の〇五年五月、パリ、アテネ、ミラノで、十日間の海外視察を行なっていたことが発覚し、市民グループ「見張り番」が、同年七月、「議長交代前のご苦労さん旅行に過ぎない」と、前議長と随行員の旅費三百五十万円の返還を求めて、監査請求した。

監査請求書などによると、新田前議長は、五月四～十三日にかけて、ミラノでは市役所や市議会を訪問したほか、スカラ座を訪れた。アテネ、パリでは市役所を訪問したという。視察のテーマは「各都市の市有財産の活用策」で、市から財政局の担当部長が随行した。議長分だけで旅費は二百四十七万円にのぼった。帰国後、三カ月たっても、出張報告書が作成されていなかった。

同市では、毎年、姉妹都市一市と議長自身の希望先などで十日～二週間の海外視察を行なっており、〇五年は厚遇批判で、五月にずれ込んでいた。

監査請求を起こした「見張り番」の松浦米子代表は、「だいたい、退任直前の議長が姉妹都市に表敬訪問するのは、相手に対して失礼。日程が示すとおり、本人が『見聞』を広めたいだけの観光旅行に過ぎず、改革とは無縁の税金の無駄使い」と、指摘している。

第六章　乱脈

——公金スキャンダルの全貌

大阪市役所は乱れに乱れていた

一九九九年（平成十一）十二月、大阪の市民グループ「見張り番」が九〇年に起こした大阪市の平野誠治元総務局長に対する退職金返還訴訟をめぐる控訴審判決で、大阪高裁は、退職金の返還要求を退けた。しかし、大阪市役所の乱脈ぶりにさすがにあきれたのか、同元局長による公金約三百六十万円の私的飲食は認め、異例ともいうべきこんな指摘をした。

「当時の大阪市役所は、公金使用の規律が乱れに乱れていたことがうかがえる。こうした職場環境のなかに入ると、通常の道義心を持っている人でもその色に染まり、金銭感覚がマヒして公金を私的に使用することに抵抗を覚えず、ごく当たり前のこととして受け入れるようになる」

〇四年秋以来、全国民の注視と非難の的になった大阪市職員の度外れた厚遇問題の原点は、冒頭の判決があきらかにしているとおり、ちょうど大阪市政百年目の節目にあたる八九年秋に発覚した、いわゆる公金詐取事件にある。

この事件は、その内容からして大阪市としては過去最大規模のスキャンダルだったが、捜査に着手した大阪地検特捜部が逮捕したのは、いわゆるノンキャリアの役人一人だけだった。もし、このとき、徹底的に捜査をして、大阪市を大掃除していれば、今回の厚遇問題は起こらなかっただろうともいえる事件だった。そこで、十七年前（当時）の事件ではあるが、公費天国・大阪市役所の体質を知るうえで、避けて通ることのできない公金詐取事件の概要を以下に紹介したい。

事件は、八九年十一月九日午前九時ごろ、大阪市港区の大阪港にかかる橋、阪神高速道路湾岸線の港大橋から、中年の男が六十メートル下の海に飛び込んだことで発覚した。飛び降りた男が海上で浮き沈みしているのを、偶然通りかかった小型タンカーの乗務員が見つけ、助けあげた。男は奇跡的に一命をとりとめたが全身を強く打って一カ月の重傷を負った。港署の調べによると、飛び降りた男は、大阪市城東《じょうとう》区の無職男性（四十四）で、午前八時半ごろ大阪市北区淀屋橋からタクシーに乗り、運転手に「海が見たい。港大橋まで行って」と指示。橋の中央部にさしかかったところで降り、高さ一メートルの柵を乗り越えて海に飛び込んだという。自殺を図ったのだった。

この中年男の自殺未遂事件は、翌十日付の新聞にいわゆるベタ記事で報道されたが、このことで男の身元が発覚。男がタクシーに乗った大阪市北区淀屋橋にある大阪市役所は、上を下への大騒ぎになった。記事の主は、直前の十月二十六日付で大阪市を懲戒免職されたばかりの、大阪市財政局主税部指導課のK元課長代理だったからである。以来、大阪市役所の公費天国ぶりが世間に露見、世論の怒りが沸騰することになった、大阪市公金スキャンダル事件の始まりである。

K元課長代理の事件は、通称K事件と呼ばれているが、同元課長代理の懲戒免職の理由は、財務局財務部財務課庶務係長として会計を担当していた八六年（昭和六十一）八月、繁華街・大阪ミナミを所在地にした架空の飲食店「ナイトラウンジゆう子」をでっち上げ、「前田夕子」名義の口座を開設。市会議員を接待した会議や打ち合わせに「ゆう子」を使ったように装って、公金の支出命令書を自ら作成したり、市長室に依頼するなどして偽造し、その金を「前田夕子」名義の口座に振り込ませていた。その額は、八九年五月までの間に合計四十二回、計五百十四万四千円にものぼった。

K元課長代理は、この金を競馬に約二百五十万円、株取引に百二十万円、知人のホステスへの贈り物や自宅マンションの購入費、旅行費用など、私的に使い込んでいたという。

しかし、K元課長代理が自殺を図らなければならないほど追い詰められていた背景には、個人の私的な公金詐取にとどまらない深刻な事情があったのではないか、というのが大方の見方だった。実際、共産党市議が入手し、議会で暴露したK元課長代理の公金詐取に関連する大阪市のマル秘資料によると、架空口座「前田夕子」への公金支出には、財政局、建設局、市会事務局、市長室、環境保健局の四局四部七課七係の二十八人が関与、各部局は、「総務費」「議会費」「環境保健費」などの名目で、ツケ回していた。

K元課長代理の刑事事件の法廷（九〇年四月二十七日）での陳述や関係者の証言などによると、大阪地検特捜部が、高級ブランド品で身を固めた複数の大阪市職員が高級クラブなどに頻雑に出入りする事実をつかみ、内偵捜査に入ったのは、八九年の五月のこと。同特捜部が捜査に着手したのは、K元課長代理からではなく、もう一人の公金詐取役人と目され、K元課長代理と親しい関係にあった建設局のG元職員課課長（八九年十二月十七日、懲戒処分）からだった。K元課長代理は、十月二十二日夜、「大阪地検特捜部から事情聴取を受けた」と、G元職員課課長から電話を受け、捜査のことを初めて知った。K元課長代理は、まず家族に、そして上司の部長に打ち明け、二十五日夜、部長と課長が自宅に来て、「始末書を書いて欲しい」というので、言われたとおり、「いかなる処分を受けても結構です」と書き、翌朝、懲戒免職を言い渡された。

十一月八日、大阪地検で事情聴取を受け、この日の夜、自宅マンションが家宅捜索された。翌九日も、大阪地検に出頭するよう言われており、心配した家族が大阪市役所のある淀屋橋駅までついてきたが、ラッシュの人ごみに紛れて振り切った。その後、二十年余りお世話になった市役所を見納めと思って仰ぎ見て、最後にその姿を胸に焼き付け、タクシーで港大橋まで行った。港大橋で降りて、下を見ると人が豆粒のように見え、これなら自分も確実に死ねると思い、飛び込んだという。そして、気がついたら病院のベッドの上だった。

逮捕者一人のナゾ

ところで、K元課長代理を大阪地検特捜部の捜査着手前に早々と懲戒免職処分にした大阪市の言い分は、元課長代理の証言とは発覚の経緯がまったく違っている。上司だった一入靖典《ひとしおやすのり》財政局財務部財務課長（当時、前市民局長）は、事件の経過について市会決算特別委員会（八九年十一月十七日）でこう説明しているのだ。

「十月二十三日、財政局に匿名の電話による通報があった。内容は、財政局の課長代理が架空の口座を利用し、不正な手段で公金を現金化し、使っているというものだった。そこで、関係書類のチェック、本人への確認を行なったところ、架空口座を開設し、この店で架空の会議があったことにして、昭和六十一（八六）年度から、六十三（八八）年度までに四十二件、五百十四万四千円の公金を振り込み、詐取していたことが判明した。その使途について問いただしたところ、議員関係などの経費に使ったと説明していたが、確たる証拠を示すものが一切なく、詳細も全く不明だった。私的な費消もあったことを本人も認めたので不正な手段で公金を詐取したものと認め、（人事の総元締の）総務局に報告した」

K元課長代理の陳述では、本人から上司に報告したとあるが、市側は匿名の電話で知ったとし、まったく違っている。いずれにしても、懲戒免職という職員にすれば最も重い処分を下すには、あまりにも早業だった。

もう一人、やはり公金詐取で懲戒免職処分となった建設局のG元課長の事件について、同じ市会決算特別委員会で、同局の管理部庶務課長は、その経過をこう説明している。

「建設局としては、先月二十日ごろ、当局の職員が地検の事情聴取を受けたという事実を掌握し、それ以来、現在も調査をすすめている。事件の概要は、料理店で飲食の際、飲食代に含めて商品券あるいはビール券を調達させて、この支払いを財団法人大阪市土木技術協会（建設局の外部団体）に依頼し、商品券あるいはビール券を詐取したものである」

財政局、建設局ともに幹部の公金詐取の事実をつかみながら、この時点ではK元課長代理だけが懲戒免職処分になっているのに、なぜか建設局のG元課長はまだ調査中だというのである。K元課長代理は逮捕されたが、G元課長は懲戒免職だけで済んだという、その後の結果からしても、二人の処遇の違いは明白だった。

だいたい、こうした事件の場合、関係者が起訴された段階で処分を行なうものだが、大阪市のK元課長代理に対する素早い対処は、かえって処分の不自然さを印象づけた。じつは、そこに、私的に公金を詐取した程度の事件にとどまらず、やがて白亜の御殿とも淀屋橋御殿とも呼ばれる大阪市役所を根本から揺るがす事件に発展していった理由があったのだ。

公費天国の本丸「食糧費」

というのも、自殺未遂後の十一月二十八日、大阪地検特捜部に詐欺容疑で逮捕され、私的な使い込み五百四十万円余りに限定して起訴されたK元課長代理（翌九〇年六月八日、大阪地裁で懲役二年、執行猶予三年の有罪判決）は、庶務係長時代から会計を担当、公費天国の本丸である財政局の年間四千万円（＝決算額。当初予算は一千万円だが、決算額はその数倍に膨らむのが大阪市の各部局の食糧費の実態だった）もの「食糧費」を管理し、市会議員らの接待費の金庫番をしていたからだ。K元課長代理の所属していた財政局財務部財務課は、大阪市の予算・決算・市会事務局を担当していた、大阪市役所のなかでも極めて重要な部署だった。そして、その財務課は、第一財務係、第二財務係、庶務係と分かれ、K元課長代理が在籍していた庶務係は、財政局自身の予算・決算、市会提出にかかわる業務などを担当。いわば大阪市役所の中枢部である財務課のなかでも、そのまた中心的役割を果たしている部署だった。

そのキーマンだったK元課長代理は、この「食糧費」問題について、法廷（九〇年四月二十七日）でこう生々しく陳述している。

「食糧費（接待費）の支出は上司の事前許可が原則だが、大半が事後決裁だった。接待の目的や相手も『自治省の役人と懇談した』といった適当な名目ですんだ。私が昭和四十八年（七三）、財政局庶務課に配属されたとき、すでに（架空）接待はおこなわれていた。市長室だけは、単に『懇談会経費』で処理されていた。収入役室や監査事務局から会合は事実かと指摘されたことは一度もありません。食糧費の決算額は、前年より必ず二％増やすことになっていた」

その「食糧費」（百八十三ページ表参照）について説明しておくと、事件当時（八七年度決算）の全大阪市の食糧費は、当初予算約二億二千八百万円に対して、決算額は三倍の七億円という、でたらめな使い方になっている。だいたい各部局とも予算比で決算額は最低で二倍、最高で十倍にもなっている部局もある。金額でもっとも多いのは、K元課長代理がずさんな公金管理をしていた市長室で、予算二千七百万円に対して、決算額は四倍を超える一億二千万円にもなっていた。K元課長代理が所属していた財務課から市長室へのツケ回しは、年間一千万円にものぼるなど、市長室が他の部局からの接待費ツケ回しのタニマチになっていた。市長室には、この「食糧費」とは別に、当時年間約一億円の「大阪市交際費」があり、計約二億二千万円の市長室接待費のうち、計五千万円が他部局から「第二交際費」としてツケ回しされ使われていたことが判明している（「サンケイ新聞」八九年十二月十三日付）。大阪市の年間食糧費を一晩あたりに換算すると、なんと二百万円もの市民の血税が、夜ごとキタやミナミのネオン街に消えていたことになる。「食糧費」の数字を見るだけでも、大阪市の役人たちの公金食い倒れぶりは、大阪・道頓堀にある大阪名物「食いだおれ太郎」人形も腰が抜けるほど、ど派手なものだったのである。

同元課長代理が庶務係長をしていた時代の部下である財務課庶務係員T氏の法廷（九三年四月十三日、大阪地裁）での証言からもそのでたらめな公金支出の実態が浮かびあがってくる。

「たとえば、午後四時や五時頃に仕事の上での会議があれば、その日に、その流れで、その会議で同席していた人との高級料亭での飲食やさらには高級クラブでの飲食も公務であり、それらの代金も食糧費から支出できる」

「実際に飲食する前に取らなければならない手続きは無きに等しく、全て事後了解、追認のかたちで食糧費の支出がおこなわれていた。書類も簡略化され、最後は、飲食店名も、飲食理由も記載されなくなった」

■大阪市の1987年度食糧予算額と決算額　（単位：千円）

局名	予算額	決算額	倍率
市会	9.600	55.519	5.78
市長室	27.600	120.712	4.39
総務局	14.571	39.348	2.70
市民局	11.002	53.557	4.87
財政局	11.395	39.049	3.43
計画局	8.977	19.095	2.13
民生局	8.225	24.805	3.02
経済局	6.176	12.259	1.98
環境保険局	6.015	36.794	6.12
環境事業局	2.280	17.277	7.58
都市整備局	3.666	20.815	5.67
建設局	14.523	75.233	5.18
花博協力部	750	3.799	5.07
港湾局	4.507	22.884	5.08
収入役室	533	2.119	3.83
消防局	3.268	6.501	1.99
大学	1.441	6.674	4.63
教育委員会	28.133	58.148	2.07
選挙管理委員会	59.867	48.084	0.80
人事委員会	1.611	48.084	2.04
監査事務局	969	1.654	2.04
水道局	3.441	36.998	10.75
計	228.450	704.614	3.08

「当時の財務局の上司は、K元課長代理だけではなく、ほかの者も皆、何の説明も行わず、クラブ等から送られてくる請求書を（T氏に）手渡し、『公務で飲んだ分だから処理しておいて』と公金で支払いをさせていた」

「個別具体的な議題のない飲み食いであっても、接待という市会議員と親しくなるという趣旨の飲み食いであれば、それも公務であり、その飲食費も食糧費から支出できる」

この「市会議員と親しくなるための接待」について、T氏は、「あらかじめ市会で質問される内容を知っておくことで議会対策ができるからだ」と検事調書で供述している。

ところで、K事件と同時進行で大阪地検特捜部が内偵していた建設局職員課のG元課長の公金詐取事件についても、補足説明しておく。これは、K事件に対して、G事件と呼ばれた。事件の主役であるG元課長は、八八年二月から八九年九月にかけて計三十一回にわたってキタ新地の高級料亭で市会議員などを接待したが、その際、「接待客に謝礼として商品券を渡したい。飲み代と一緒に代金の請求をして欲しい」と依頼。その店から受け取った商品券を客に渡さないまま金券ショップで現金化し、計四百万円を自分の口座に入金していた。請求書は、さきに書いたように大阪市土木技術協会にツケ回して支払わせていた。

同元課長は、同じキタ新地の別の料亭からも同じ手口でビール券を計十八回、三百九十五万円相当を受け取るなど、計八百万円の公金を詐取していた。G元課長による同協会へのツケ回しは、さきのK元課長代理の分も含め、一千万円を超えたという。

G元課長は、騙し取った公金の使いみちについて、建設局の事情聴取に、「一部を上司や市議への中元や歳暮代、接待費にあてていた」と認めていた。G元課長が「接待費」をツケ回ししていた大阪市土木技術協会は、大阪市一〇〇％出資の外郭団体で、当時百七人いた協会職員のうち大阪市職員OBが四十九人、出向職員が四十四人、役員十人のうち常勤役員三人は、すべて大阪市からの出向職員。当時の理事長は、橋本固建設局長が兼務するなど、単なる外郭団体といったものではなく、「建設局幹部の裏金庫」とささやかれるほど、金銭面で大阪市と一心同体の関係にあった。G元課長は、建設局の前身、土木局時代に職員厚生の仕事を長年担当。退職者の天下り先のため、再三、大阪市土木技術協会を訪ねていたという。

K、G両元幹部職員が詐取した公金は、計千三百万円にものぼったが、二人には共通点があった。ともにノンキャリア組の出世頭で、担当部局の会計と議会対策を担当していた。公金を扱う部署にいたことから、「きょうはクラブ、あすはゴルフ」と上司や議員にとって格好のタカリの対象になっていたのだ。

たとえば、懲戒処分されたこの二人の職員が世話役を務めて、一～二カ月に一回、宝塚市の大宝塚ゴルフクラブで、公費による「職員親睦ゴルフ大会」も開かれていた。このゴルフ大会には、当時の高橋修収入役、平野誠治総務局長、橋本固建設局長、春田健一財務局財務部長、山田昇総務局人事課長（前総務局長）など幹部ばかり十数人が参加していた。参加費は、同ゴルフ場内に出店していたレストランの経営会社に依頼、G元課長が同社の系列店で会議を開いたことにして、同元課長あてに請求させ、大阪市土木技術協会にツケ回ししていた。参加費のなかには、プレー代だけでなく、食事代や賞品、土産代も含まれ、一回あたりの費用は、二十二万〜四十万円にもなっていたという。

賞品や土産の豪華さに、プレーしていた団体が大阪市の幹部職員とは知らなかったという同ゴルフ場の売店職員が、後でそのことを知ってこう驚いたという報道もある。

「てっきり、大企業が大切な取引先を接待している、と思い込んでいた」

二人の役割は、松本清張の役人モノに出てくる、ノンキャリアのいわゆる汚れ役である。清張の小説でも、ノンキャリアの役人が、汚職事件の責任を一身に背負って自殺する場面が出てくるが、K元課長代理の自殺未遂事件はそれを地で行くような話だった。

市幹部の外郭団体やほかの部局へのツケ回しは、これだけではない。たとえば、当時（八七年）の西尾正也市長（故人）は、就任前の一九八二年から一年間、大阪市港湾局の外郭団体・大阪港振興株式会社の社長を務めていた。その際に、外郭団体の社長でつくられた親睦団体「三火会」に所属。親睦を深めるために、毎月第三火曜日にゴルフコンペを開催していたが、市長就任後も何度も参加。しかも、その費用は出身の外郭団体持ちだった。ツケ回しは、今回の厚遇問題の際に公費投入で問題になった市職員共済組合にもあった。「サンケイ新聞」（八九年十二月十九日付）が報道したもので、八七年当時、市総務局の最高幹部や同局人事部の幹部職員、市議や労組幹部などがよく利用していたキタ新地の高級クラブで、局の幹部の会合目的に二回、計十万七千円がツケ回しされていた。

同紙は、市幹部のみならず、労働組合も互助組合にツケ回しして飲食していたことも暴露した。「サンケイ新聞」（八九年十二月十八日付）によると、舞台になったのは大阪市水道局。職員互助組合の役員を兼ねる労働組合幹部が、市当局側とキタ新地の高級クラブに頻繁に出入りし、判明しただけでも七カ月で十六回、計百九万円の飲食代を水道局互助組合にツケ回ししていた。

さらに、これとは別に、互助組合の事務長名でも、二カ月間で六回、計五十六万円がツケ回しされていたという。互助組合の理事は、水道局幹部五人と水道局労組の役員五人で構成され、理事長は水道局の業務部長（当時）。互助組合の労使双方の打ち合わせや二次会の名目でクラブやラウンジなどを利用することが慣例化しており、その費用は年間約六百万円にものぼっていたという。互助組合の経費は、職員の組合費と水道料金収入などの補助でまかなわれており、公金が全体の五分の四を占めていた。

同じ「サンケイ新聞」（八九年十二月十六日付）で、水道局幹部がキタ新地の高級クラブに白紙の請求書十枚を請求していたこともあきらかにしている。同紙が入手した高級クラブの売り上げ台帳によると、八六年十一月から八七年十二月までの約一年の間、市関係者の利用は三十六回。うち十九回が水道局関係者で、代金は合計三百三十九万千二百六十円、一回平均ざっと十万円の飲み食いをしている計算になる。この台帳のうち、八七年十一月分のなかで、当時の水道局総務部幹部名が支払い者欄に記入され、余白にメモ書きで白紙勘定書十通を同水道局庶務担当課員に送ったことが記されていた。当時の水道局の担当者は、「書式の不備がある請求書を書き直すため、他の何軒かの店からも白紙の勘定書をもらっていた」と、事実を認めた。

水道局では、労組との懇談会費や会合費に充てられる「食糧費」は、八八年度決算額で千四百七十四万円（予算額千百万円）あった。

「一人酒」で二百万円ガブ飲み

さて、大阪地検特捜部の捜査は、K元課長代理を逮捕しただけで終結したが、事件の余波は大きかった。

次から次へと露見していった底なしのムシリタカリの公金食いには、大阪という都市の得体の知れなさを見せつけたグリコ・森永事件の「キツネ目の男」も、「わしらもかなわん。手引くわ」と悲鳴をあげたに違いない。

たとえば、「一人酒」問題。何か演歌の題名のようだが、これは、冒頭の判決で紹介した当時の平野元総務局長がキタ新地の高級クラブをたびたび利用、公金で直近の三年間だけで約四十回、二百万円もガブ飲みし、その代金を「食糧費」からツケ回ししていた事件で、平野元総務局長がこう釈明したことから、世間で命名されたことが由来である。

「市全体の人事や労務を受け持つ総務局長の仕事上、役所内では会いにくい相手と、秘密に面談するのに利用した」「仕事の打ち合わせをする予定だったが、相手がこなかったりして結果的に一人になった」（「読売新聞」八九年十一月三十日付）

さらに、K元課長代理の上司だった春田健一元財務局財政部長や一入靖典元財務局財務課長名のサインがある別の店の「お一人様」請求書が多数あることが判明した（「読売新聞」八九年十一月三十日付）。

同元局長は、七七年（昭和五二）、人事課長に就任して以来、人事部長、職員長、総務局長と人事畑一筋を歩き、とくに管理職人事と労務対策に精通。今回の厚遇問題で焦点になった労働時間や人員、労働条件などについて、労組と交渉にあたる最高責任者でもあった。同問題のなかでも、もっとも市民の批判が多かったヤミ年金・退職金の仕組みをつくった当局側の当事者でもある。

その人物が、十七年前の公金詐取事件を契機に設置された市政刷新委員会の事務責任者であり、また、公金スキャンダルの当事者だったのである。平野元総務局長は、中之島官僚体制とも呼ばれる大阪市役所のエリート集団、京大閥中でも、出世街頭をひた走ってきた高級官僚で、市幹部や市議と親密な関係を持ち、庁内では実力者と呼ばれていた。K元課長代理、G元課長の公金詐取事件に対して、マスコミにこうコメントしていた。

「都市整備局の汚職など最近、市職員による不祥事が相次いでいる中、またこのようなことが起き、誠に遺憾だ。A（K）課長代理は、本人が非を認めたので即刻処分した。B（G）課長にかかわる件についても調査をすすめており、判明し次第、厳正に処分したい」（「毎日新聞」八九年十一月十一日付）

エリート官僚は京大閥

ところが、その大阪市の人事の総元締が公金でガブ飲みしていたわけだから、まったく世間に対してしめしがつかなかった。市民世論も黙っていなかった。結局、同局長は、「一人酒」が露見したことで、八九年十二月十八日、退職に追い込まれる。しかし、その辞め方は、退職金が支払われる依願退職だった。

平野元総務局長の退職金問題を市議会（八九年十二月二十六日）で追及された当時の西尾市長は、「勤続二十五年以上にわたって市のために苦労した」と答弁した。そのため、退職金の計算方法は、雇用主である市側の都合で退職した時に適用される「整理退職」扱いとされ、通常の退職金二千六百五十一万円に加えて、在職中の職員互助組合の積立金（のちに、公費でまかなっていたことが判明したヤミ退職金）八百四十九万円の計三千五百万円という莫大な退職金が支払われることがわかり、議会内外から批判の声があがった。

当時の西尾市長も、平野元総務局長と同じ京大卒で先輩格。庁内の京大閥のトップで、独自財源と大量の職員を抱えることから、市役所内でも、最有力部局だった大阪市交通局の局長を経て、助役、そして大島靖元市長（七一～八七年）の後継者として市長に選出された人物である。だから、西尾市長は、議会でも「平野局長に不正はない」とかばい、法外な退職金を準備していたのである。

しかし、市民グループが「平野前局長は、公金流用で辞任したもの。本来は懲戒解雇すべきものであり、仮に退職扱いにしても、地方公務員法違反であるから、本来支給されるべき金額（基準となる額から八割まで減額できる。このケースでは、約二百七十七万円）を超える支給額は違法」と、いわゆる平野元総務局長退職金返還訴訟を起こすなどしたため、結果的には退職金減額に追い込まれた。

ここで、話を平野元総務局長の「一人酒」に戻すが、じつは「一人酒」でもなく、自分で支払ったものでもなく、ホステス同伴のとんでもない公費飲食だったことが、当の飲食店経営者が法廷に提出した陳述書で暴露されてしまったのだ。

退職金返還訴訟の「見張り番」代理人弁護士の本人尋問（九四年二月十八日、大阪地裁）から、まず、「食糧費」についての大阪市の考え方と平野元総務局長の使い方を、同元総務局長の証言から以下、あきらかにしておこう（太字は、「見張り番」代理人弁護士の質問）。

食糧費とは何か

地方自治法の一つの事例として食糧費という項目がある。そこで分類される経費を食糧費というが、会議用の飲食費、外国、他都市から来る人の接遇用の飲食費、大阪市の大きな行事の時の弁当類の飲食費がそれにあたる。

総務局のケースは

（大阪市は）大都市なので、（他の）都市の総務局長または職員長が集まった場合の会議の費用、その場合の飲食費やいろんな審議会の先生方の飲食費、先生方をその後接待する部門も食糧費と考えている。

総務局長以外の総務局職員の飲食は、どういうケースか

大阪市は課単位で仕事をしているので、課長は必ず飲食の席に出る。係長も必要とあらば出る。相手方によって職員も出るが、なるべく管理職ということにしている。

要するに、湯水のごとく使われる食糧費は、管理職や審議会に出席する議員や学識経験者の飲み食い代ということである。

（平野元総務局長の飲食費について）キタ新地のクラブやラウンジで飲食した店の名前は？

「ローゼン」とか、問題になっている「銀」にも行っているが、いろんなところへ連れて行ってもらったので、全部覚えていない。（「銀」に）最初に行ったのは、もっと早いが、昭和六十年（八五）前後、職員長になってからがもっとも回数が多い。大阪市の食糧費から飲食費を出すようになったのは、職員長になったころ。

飲食した相手のお客さんとは誰か？

まず他都市の方、国の方、審議会の先生方。労務担当だったので、自治省の公務員部出身者や全国公務員共済連合協議会など福利厚生の団体の役員など。

一人あたりの代金は？

二万円から三万円。

「食糧費」とは、いわゆる官々接待の費用だと、自ら認めているのだ。

シルクロードへはいつから？

六十二年の終わりか六十三年初めくらい。経営者が僕に是非来て欲しいというので、K君に誘われて行った。当時の建設局長とか、多人数の時もあったが、私はいつも呼ばれて行ったので、全部は覚えていない。

市の職員が多かったか？

市の職員もあったし、よそから来た人に会わされたこともあった。若い人が多いときは、招かれていくわけだから、いわゆる士気を鼓舞するとか、顔をみせるだけでいいわけなので、すぐに帰る。

どういった職員か？

要するにいろんな会を作って、みんな集まってくるわけ。そこへ、職員長なり総務局長が行くことは、若い人なので、非常に元気がつくというので、来て欲しいといわれたので、行っていた。

誰に頼まれるのか?

当時の幹事役のようなものの一人がK君。その他にも財務局の者だったか分からないが、名前は誰とは分からない。Kさんは、必ず念押しには来ていた。

K元課長代理が、まさに、食糧費の金庫番であり、平野元総務局長の財布係でもあったことを自ら認めたようなものだった。

士気を鼓舞するとは、どういうことか?

それこそみんなよく頑張っているとか、身体に気をつけてやっているとか、仕事をうまくやっているかとかいうような話をするのが、士気を鼓舞することだと思います。

もちろん、上司が部下の士気を鼓舞するのは、大いに結構なことだが、そのための飲み食い費が公金から支払われている罪悪感など、平野元総務局長以下、参加した職員の頭には、これっぽっちもなかったようだ。

さて、問題の「一人酒」である。「見張り番」代理人弁護士との法廷でのやりとりを再現すると、おおむね以下のようになる。

プライベートか公務か。ラウンジ「A」には、どの程度行ったか?

月に一、二回程度。プライベートで行くこともあるし、(市役所の)定例的な会合が終わった後に突っ込んだ話をしなければならない人がいるときは、私の方から誘い、そういう場所を使っていた。

プライベートで行くとは、どういう時か?

部下を連れて行く場合が一番多いです。

他の店のホステスさんと一緒に行ったことは?

あります。

陳述書によると、プライベートの時は、個人で支払ったと書いてあるが、プライベートと公務はどう区別していたのか?

「銀」とか、大体高級といわれるようなところは、公務以外はあまり使わないし、使えない。高いところをプライベートに使うのは、なかなか難しいからだ。

プライベートかそうでないか、どう区別していたか。どういう場合がプライベートか?

プライベートは自分で、現金で支払います。部下を連れて行く場合がプライベートです。

そういったプライベートに利用した店というのは、どこですか？

それはたくさんあります。ほとんどですよ。

先ほどの「A」という店に、プライベートで行った場合、代金は平野さんが支払ったのか？

請求があったときは、これはいつの分だと言って、現金で手渡す。

小切手、あるいは銀行口座へ振り込んだとかはないか？

そういうのはないと思います。


ここで「見張り番」代理人弁護士は、当のラウンジ「A」の経営者が、裁判所に提出した「陳述書」（九四年二月十七日付）をあきらかにし、平野元総務局長の証言がウソであることを暴露した。

その「陳述書」には、こう書かれてあった（要旨）。

「ラウンジ『A』（本文は実名）は、昭和六十二年に始めましたが、請求書を見ていただいたらわかるように、はじめから平野さんにはよくお店に来ていただきました。私が『A』の前にやっていた『B』という店の時からの常連の客でした。平野さんは、G（建設局元課長＝懲戒免職処分）さんなど、大阪市の職員の方同士で来られることもありましたが、『銀』というクラブのホステスさんと二人で来られることもしばしばでした。

平野さんが、来られた時の代金は、平成三年（九一）三月に平野さんが大阪市をやめられた後、一度だけ、四十一万四千三百八十八円のお支払い（注・「A」から平成四年五月七日付「領収書」を発行）をいただいたことがありますが、それまで一度も平野さん個人からお支払いをしていただいたことはありませんでした。私は代金はすべて、平野さん個人ではなく、大阪市の方から支払っていただいていました。

裁判所にお送りした伝票の上の欄に『平野様』とあるものは、平野さんが飲食された場合の中で、平野さんから、その代金の請求書は平野さんあてに送るよう指示があったものです。伝票の名前の横の欄に『2人』と記載されている請求書が二十一通ありますが、これは平野さんが二人で来たことを意味します。このうち半分ぐらいは、『銀』のホステスさんと一緒に来られた時のものと記憶しています。その時の支払いも、平野さん個人からではなく、大阪市の方からいただいています」

つまり、ラウンジ「A」での支払いは、「公務」も「プライベート」も区別なく、すべて食糧費から支払われていたわけで、平野元総務局長のいう、現金払いはうそだったのだ。

この「陳述書」にある退職後支払われた代金は、公金スキャンダルが問題になり、当時の大浦英男助役に呼び出され、飲食の日付と金額を示され、ラウンジ「A」の支払いなどに、五十万円ほど総務課長に預けて退職したときのものだった、というのが真実だった。同公判で平野元総務局長は、預けた五十万円について、どこにいくら払ったとも聞かず、「それで全部整理がついた」と聞いただけで、領収書ももらっていないども証言。市当局のずさんな公金管理と高級幹部同士の馴れ合いぶりも露呈した。平野元総務局長の例が示すように、当時の大阪市では、食糧費という公金が一部幹部の私的な飲食のために湯水のように使われていたのだ。

市民グループ「見張り番」は、K元課長代理の公費飲食についても、返還訴訟を起こしていたが、懲戒免職され、有罪が確定していたK元課長代理の刑事裁判記録を調べた結果（九〇年十二月五日公表）によると、事件発覚までの一年九カ月間にK元課長代理が在籍していた財務局が支出していた飲食費は、一千万円近くに上っていた。

このうち、架空名目で私的飲食や市議の代金を支出していた店は割烹、フグ料理、クラブ、韓国クラブ、スナックなど約五十店。架空接待の相手の名目は、「自治省市町村税課長」「福岡市議団」「大阪府税務部」「近畿財務局理財部」といった具合で、市政に批判的な発言をすることで知られていた大学教授まで、学識経験者として懇談していたことをでっち上げていた。

K元課長代理が一番よく通った店は、キタ新地のラウンジ。八八年二月から八九年十二月までで実に二百二十二回、ほぼ三日に一回で、支払いは九百二十八万円に達した。同行者は、ほとんど上司や同僚で、幹部では平野元総務局長が四十一回、懲戒免職されたG元建設局課長が十二回、財政局税制課長代理（当時）が六回、財務部長が二回、平野元総務局長はホステスを同伴することもあった。また、のちに触れる（二百二十一ページ）が、ホステス同伴の平野元総務局長や直属上司の財務部長や財務課長の個人的な飲み代のツケも引き受けていた。

さらに、これまた、のちに詳しく触れる（二百七ページ）が、自民党市議とトラブルになった元財政局幹部との間を鎮静化するため、「お詫びの宴」を開いたこともあった。

ノンキャリアの役人が出世できた理由

「見張り番」が起こした公金返還訴訟、いわゆるK訴訟の九二年一月十三日の本人尋問（大阪地裁）からも、大阪市の公金乱脈ぶりをうかがい知ることができる。以下、K元課長代理の証言である。

「（平野元総務局長とK元課長代理が懇意であった、大阪市と長い付き合いのある四店に関して）うちS店とG店へ、平成元年に約百三十万円の白紙の支出命令書を渡して架空請求をプールしていたものを飲食費にあてた。他にもA店にも正規の手続きを経ず、白紙の支出命令書を渡した。財政局の春田部長や一入課長のいきつけのS店やR店には、直接両氏が支出命令書を渡すことがあった」

「SS店にも飲食費の支払いをしている。その店には労組の新旧役員の接待で一度だけ行ったことがある。市会議員が飲みに行った分の請求書もわたしに送られてきた」

「平成元年三月ごろ、春田部長の執務室で、支出手続き担当のT係長と二人で市長室に千五百万円の支払いの取りまとめの話をした（いわゆるツケ回し）。春田部長から、枠がどのくらい残っているか、三つほどでいいからと飲食費の支払いの要請があった」

「支出決議書と支出命令書がまわってくるが、書類に書いていることと、事実とは違うことが多かった。年間一万枚もの書類に判を押すので、この店はだれが行くということは知っていた」

さらに、市議接待旅行についても、こう証言した。

「昭和六十三年ごろ庶務課長当時に床田健三市議と太田勝義市議を、当時の土崎（敏夫総務局行政部長、のちの助役）、G（元建設局課長）、春田（財政部長）らと北陸に接待旅行し、二十万円を第二交際費から支出した」

平野元総務局長の私的な飲食費を支払うことになった経緯についても、次のように証言した。

「昭和六十二年（八七）に平野総務局長（当時）から飲食店の請求書を渡されたことがあった。総務局の支払いがたまっていた分二十～三十枚の請求書を預かり、土崎部長から溜まっている分を負担してくれないかということがあって事務手続きについて責任をもつということで、一年から一年半かけて二百万円の支払いの事務手続きをした。それが、平野総務局長の耳に入って、『お世話になった』とお礼をいただいた」

同公判で、「見張り番」側の弁護団は、平野元総務局長の「一人洒」や前払いについて、同元総務局長が、K元課長代理に、「すまんけどこれ頼むわ」「それは助かるわ。おおきにおおきに」と言ったと供述したとする同元課長代理の検事調書も提出し、両者が深い関係にあったことをあきらかにした。実際、同元課長代理は、検事の取り調べに「私は、（平野）局長にかわいがっていただき、人より早く課長代理に昇格させてもらった」と、供述していた。

「中之島官僚体制」を支える最大派閥・京大閥の出世頭であるエリート官僚が、なぜ、ノンキャリア組のK元課長代理をかわいがり、いわゆる「引き」で出世させたのか。背景にダーティ役という任務があったのである。

ところで、元課長代理の証言に、平野元総務局長の飲食代金については、土崎部長からの依頼とあるが、同氏は、のちに磯村隆文元市長、關市長のもとで助役を務め、「影の市長」と呼ばれたほどの実力者に伸し上がっていった。この「影の市長」に関しては、別の章で詳しく触れることにする。

K元課長代理の刑事裁判記録によると、「勉強会」と称する議員への接待に関して、氏名、日時、場所、金額もすべて特定されていた。

公金食いタカリ市議四天王

この議員への接待の実態について、「読売新聞」がこう報道した。

「大阪市では、議員への接待を『夜の勉強会』と呼んでいる。正規の勉強会は、市議会開会前に各会派に議案の説明などを行うために開くが、これとは別に、一部議員は夜になって各局の議会担当職員に『勉強会を開く。来てくれ』と強制的な誘いをかけてくるからだ。これを断ると、議会でいやがらせ質問や、職員人事への介入などをする——指定する場所はキタやミナミの高級料亭、クラブで一晩で二、三十万円はかかる。そのすべてが『必要経費』として公費で支出するよう強要される。議員だけの飲み代も平気で回す」（八九年十一月二十九日付）

事実、公費で飲み食いし、市にツケ回ししていたとして、共産党議員が、市議会の場で自民七人、公明一人の実名をあげて追及した。実名をあげられた議員は以下のとおり。

●床田健三議員（自民党・東淀川区選出）、舟戸良裕議員（自民党・大正区選出）　八八年七月、地下鉄など交通料金の値上げが提案された際、ミナミの韓国クラブで公費接待を受けた。当時の交通局企画課長は「私が店でサインし、私のところに送られてきた請求書を確認し、総務課に渡し支払った」と事実を認めた。また、床田議員は、四期目だった八九年八月の市議会議長選に名乗りを上げ、候補者として最後まで名前が残ったうちの一人。前年の八八年秋ごろから、多数派工作のため若手議員らを韓国クラブやすし店に接待し、その飲食代金をK元課長代理にツケ回ししていた。公金詐取の舞台の一つになったキタ新地の高級クラブ「銀」にも何度も出入りしていた。一期目の舟戸議員も、床田議員に誘われるうち、自らもその手法を真似て各局に飲食代をツケ回しし、頻雑に飲食。K元課長代理の接待を受けていた。床田、舟戸両議員二人のツケ回しは、直近の一年間だけでも計約三百万円にのぼっていた。

●太田勝義議員（自民党・福島区選出）、天野一議員（自民党・住吉区選出）　座っただけで三万円はするというミナミの高級クラブ「ボンボーレ」などで豪遊していた。三期日の太田議員は、K元課長代理と飲み食いしていたこともマスコミに報道された。二期目の天野議員は、市議会の交通水道委員長を務めていたが、地下鉄の料金値上げ案を審議中の八八年夏、水道局幹部が頻繁に利用している高級クラブで接待を受けていた。

以上、四人の自民党議員は八九年十二月二十二日の自民党市会議員団総会で「市職員から接待を受けた」と事実を認め陳謝したが、その悪質ぶりからのちに「タカリ市議四天王」として、市民グループから公金返還の訴訟を起こされた。

●奥野修三議員（公明党・東淀川区選出）　キタ新地のスナック「メゾン・ド・道子」に市幹部職員を何度も連れて行き、飲み食い。同議員は、十二月の市議会で、「接待の強要は一切ない」と弁明した。

●森野光晴議員（自民党・生野区選出）　議長在任中の八五年八月二十二日から二十日間、公費百七十万円をかけてブラジルのサンパウロ市などに出張した際、同伴した夫人の費用の一部約三十万円を市長室にツケ回ししていた。職員を集めて「森野会」と呼ぶ会合を開き、公費で飲み食いしていたと、K元課長代理が法廷で証言しているが、K元課長代理の検事調書によると、森野市議は、八八年四月八日、ロイヤルボックスがあるといわれた大阪市の高級クラブ「アルジャン」をはじめ、「銀」、「デュエット」、「若しば」など四軒で、K元課長代理、平野元総務局長、春田財政部長と飲食、計四十五万四千八百五十円使っていることになっている。

●改発康秀議員（自民党・平野区選出）　水道局幹部が頻繁に利用している高級クラブの伝票に、名前があがっていた。

さきに、「タカリ市議四天王」について触れたが、K元課長代理の検事調書や公金返還訴訟で、この四人が高級クラブなど、一晩で四軒もはしごしていたことが発覚している。

問題のはしご酒があったのは、八九年四月五日。まず、キタ新地の高級割烹「みゆき」で、床田、天野、舟戸、太田市議と、市側からK元課長代理、春田財務部長、溝川久茂港湾局庶務課長（現大阪市下水道技術協会副理事長）、真杉邦彦財政局主税部長の計八人が飲食。その後二次会は、やはり新地のクラブ「パラダイス」で飲食。その後、二派に分かれ、うち床田、太田両市議と真杉部長、K元課長代理が三次会を「殿」、さらに四次会を「銀」で行ない、一晩で六十八万六千六百六十一円も使っていた。

なぜ、四人もの市議を接待し、さらに四軒もはしごしたのか。その理由について、K元課長代理は、検事調書でこう供述していた。

「この日の飲食は、市会議員の床田先生、天野先生、舟戸先生、それに太田先生の四人に対し、市役所側がお詫びをして先生方に許して頂くために設けた席でした。何に対してお詫びしたかというと、床田先生と天野先生の二人が溝川さんに対して腹を立てていたためでした。溝川さんは昭和六十三年四月、（財政局）公債課長から、港湾局庶務課長に転出したのですが、床田先生は、溝川さんが公債課長時代に、溝川さんを呼びつけ、『宝くじについての質問を財政総務委員会でおこなうつもりだ』と言ったらしいのです。

ところがその時に溝川さんは、『先生、お言葉ですが、宝くじについては、既に公明党の先生が質問される予定になっています』と言ったことが床田先生の逆鱗《げきりん》に触れたようで、床田先生は、『わしが質問をしようと言うのに、公債課長の分際で溝川が生意気なことを言った。許せん』と言って怒っていたのです。また、溝川さんが港湾局に移った後に、市議会の建設港湾委員会の委員長をしていた天野先生も溝川さんに挨拶の態度が悪かったと言って、怒っており、床田先生と天野先生が揃って『溝川を徹底していじめてやる』と言い出したのです。

そこで、春田部長が仲介役を買って出て、床田先生と天野先生の怒りを鎮めようと言うことで、セットした飲み会だったのです。真杉さんが参加しているのは、やはり真杉さんが行政部長をしていた頃に、床田先生との間で何か衝突があったらしく、真杉さんがその宴席のことを聞きつけて、『それなら僕も参加させてもらって、床田先生の怒りを鎮めたい』と言い出したためでした。私が参加したのは春田部長の補助としてでした。太田先生と舟戸先生は直接の関係はなかったのですが、床田先生がこの二人を呼んだものだと思います」

このはしご酒には、「パラダイス」のホステス一人が、「殿」と「銀」に同行している。

K元課長代理によると、「みゆき」「パラダイス」は市議の行きつけの店。「銀」は、市がよく利用する店で、生バンドで歌える店ということで、行ったという。

一方、「朝日新聞」（八九年十二月五日付）で「自民三市議徹底たかり、呼びつけて、（味をしめて）支払わせ、（あげくに）飲ませず」と報道したことについて、九四年三月二十三日の公費接待訴訟本人尋問で、K元課長代理は、こう答えた（要旨）。

「残業中に電話があって店に呼ばれて行った。名刺をくださいと言われ、面識のある間柄だから、数枚渡してまた仕事をしに役所に帰ったこともある。後日請求書に名刺をホッチキスでとめ、サイン欄は空欄で『何々様』のところは、市議宛になっていたので、なるほどこういう使い方かと思った」

「名刺のない場合でも、『Kちゃん（本文は実名）』のサインをしておいて払ってくれということはあった。床田、太田、舟戸議員ほか十人ほど。それ以後は渡したことはない。添付しないでも、それ以後はK（本文は実名）のところへまわしてくれということになる。市議の名前は言えない」「これから女性と食事に行くと先生が言った場合には、これで失礼しますと帰る。最後までつきあうばかりではない」「飲食の目的については、先生方からおっしゃったことはあっても、私の方からは聞かない。先生一人で飲食の場合はない。他に一人二人、もしくは三人とメモしている。何々議員と一緒でしたという場合、意見交換であろうということで確認していない」

この議員同士の公費による飲み食いは、同元課長代理の検事調書によると、八八年六月八日、床田、天野、舟戸の三議員が、まず「祇園寿司」で七万二千七百十円分飲食、その後、クラブ「フローラ」で六万七千八百七十円分の計十四万五百八十円を使い、K元課長代理にツケ回ししていたことが判明している。

一晩で百万円の豪遊も公費接待

市議への接待場所は、何も大阪だけに限らなかった。

「毎日新聞」(八九年十二月六日付)によると、大阪市が年末に行なう国への予算陳情団に、例年七〜十人の自民市議を同行させ、東京・赤坂や永田町の高級料亭で、市幹部、国会議員らとともに、一晩で百万円近い豪遊接待していたことも明るみに出ている。

市議のタカリは、飲食費だけではなかった。「読売新聞」(八九年十一月十七日付)によると、大阪市の公用タクシーチケットを一冊(二十枚綴り)ごと、市側が一部の保守系議員に「議会対策」の目的で渡していたという。公用チケットは、一枚で十万円近くまで、一冊で最高二百万円まで乗れるものだった。当時の大阪市のタクシー費用は、年間約九億円にものぼっており、ここでもでたらめな公費乱脈ぶりが明るみに出た。

挙げ句に、当時の西尾市長後援会幹部や市議が大阪市内の一流ホテル・ニューオータニ大阪の会員制クラブで、公費によるマージャン接待を受けていたことも発覚した。「朝日新聞」（八九年十二月二十八日付）によると、会員権の名義は坂部建造・同市理事兼秘書部長（当時）で、同年二月、入会金五十万円を支払って会員になり、これまでに二十数回、接待に利用。他の市長室幹部も出入りし、毎月の支払額は十万円前後で、食糧費や秘書部長交際費で賄っていたという。

さて、「議会対策」だが、質問内容を事前に聞き出す理事、質問内容を職員につくらせる議員が横行する市議会の実態について、議会担当経験者の元幹部職員は、まるでお笑い漫才のような市議会でのやりとりについて、こう述懐している。

「議会対策の職員は、事前に議員から質問内容を聞き取り、相手が納得するまで答弁のすり合わせをする。朝方までかかり、いざ議会が始まったら、議員も職員も居眠り。議員質問に、理事がまったく別の質問答弁を読み上げることがしばしばあった。しかも、双方とも、そのことに気づいていないのか、審議はそのまま進行していった」

市当局と市議会の公金食いを介してのこうした持ちつ持たれつの関係が、一心同体の癒着構造を作り上げてきたのである。

さきの平野元総務局長の退職金訴訟に関する冒頭の判決文が指摘したとおり、まさに大阪市役所は「乱れに乱れていた」のである。

公営住宅までもムシリタカリ

この大規模な公金スキャンダル事件が発覚するまでに、大阪市会では散発的に、市当局と市会との癒着を示す飲み食い事件が発覚していた。

たとえば、八五年五月、兵庫県宝塚市の料亭「花作」で、市議の歳費値上げについて、以下の議員が下相談していたことが発覚している。

議会側　山下喜一（自民党）、松井義明（公明党）、佐野繁雄（社会党）、室谷定三（民社党）の与党幹事長、田中義一（自民党）、青木伸三郎（公明党）の市会運営委員。

それまでにも、マスコミ報道で八〇年には、キタ新地の高級クラブの勘定書に市議が、市幹部の名前を書き込んでいたことが暴露され、総額八百八十五万円余りにものぼっていたことが明るみに出ている。その他、市当局主催のゴルフコンペに、自民党十数人、公明党、社会党、民社党の各二人が接待され、お座敷マージャンに自民党、民社党の議員が参加していたこともあきらかになっている。

大阪市の幹部職員、組合幹部、そして与党議員らによるムシリタカリは、公営住宅の取得をめぐってもあった。「公費天国」に市民の怒りが最高潮に達した十二月初旬、今度は、助役ら最高幹部が同市の住宅供給公社の分譲マンションを取得し、自ら住むことが原則であるとする住宅金融公庫法、地方住宅供給公社法施行規則などに違反して、入居しないまま、「セカンドハウス」として所有していたことが発覚したのだ。

当時、バブル経済で大阪市内の地価は、一年間で三三・五％も上昇、全国平均の一三・二％をはるかに超え、もはや市内で家を持つのは、夢のまた夢というのが市民の実感。それならせめて、市営住宅にでも入居したいというのが市民の素直な気持ちだった。ところが、大阪市は市営住宅の建設戸数を前年度よりも一割も減らしたため、応募倍率は十五倍を超えていた。

こうした市民の住宅難を尻目に、市幹部やOB、議員、そして労働組合幹部（肩書きはすべて当時）が特権を乱用し、甘い汁を吸っていたというわけである。

まずは、現職市幹部（当時）の実例から。

大多一雄助役　大阪市西区靱《うつぼ》にある大阪市住宅供給公社の分譲住宅「靱パークサイドコーポ」（二百二十二戸）。七八年八月に募集され、翌七九年十二月に入居者に引き渡された。最上階の占有面積六十五平方メートルの４ＤＫで分譲価格は千六百七十五万円、倍率は約三倍だった。発覚当時の価格は、七千万円はくだらないといわれた。

入居条件は、さきに紹介したとおりだが、大多助役は奈良市内に一戸建て住宅を所有していた。にもかかわらず、入手し、金融公庫からも融資を受けていた。明らかに、住宅金融公庫法、地方住宅供給公社法施行規則に違反していた。大多助役は「いずれ娘を住まわそうと思って」とマスコミの取材に弁明したが、投機目的で入手した疑いは晴れなかった。同助役は、翌九〇年三月、任期途中で突然、辞任。ところが、三カ月後には、大阪市の外郭団体である大阪市地下街株式会社に天下りし、社長に就任。高給を食《は》む身分に転じていたのである。

坂口英一交通局長　八七年六月募集、八八年二月に引き渡された市住宅供給公社の分譲マンション「グリーンビュー鶴見」（十五階建て、一二百四十九戸）。占有面積百四平方メートルの4LDKで、価格は四千二百二十万円だった。同マンションは、翌年開幕が予定されていた「国際花とみどりの博覧会」の会場や同博覧会に合わせて建設中だった地下鉄長堀鶴見緑地線のすぐそば。最高で十七倍、平均で二・一倍だった。坂口局長は、大阪府箕面市内の一戸建てに住んでおり、この部屋も一度も入居したことがなく、住宅金融公庫の融資を受けていた。発覚した当時の価格は、八千万円から一億円に暴騰していたといわれ、これまた投機目的を疑われ、坂口交通局長は八九年末にあわてて留守管理届を提出した。

次は市幹部ＯＢ（当時）。

道廣一実元助役　大阪市北区の市住宅供給公社の分譲住宅「扇町コーポ」十四階建

ての一室を、八七年本人名義で購入したものの、長期間空き家にしたままだった。同元助役は、奈良県生駒市の高級住宅街に邸宅を所有していた。

久保晴茂元都市整備局長　大阪市の再開発住宅「あべのベルタ」を公募なしで入手。この住宅は、阿倍野再開発計画で立ち退かされる住民のために建設されたものだが、それ以外の人が取得するときは、一般公募が義務付けられている。一般公募は、三十六戸を対象に八六年十一月に行なわれ、平均倍率は五・二倍だった。ところが、後にふれるが久保元局長は、家族と共有で無抽選のまま、三千百三十万円で取得していた。同元都市整備局長は、九一年秋発覚した大阪労働者住宅生活協同組合（大阪労住協）が、施工・販売した都島区・桜ノ宮の分譲マンション「桜宮リバーシティーコープ21」（十五階建て、百八十八戸）の不正分譲問題でも当事者として名前が出た。大阪市の再開発事業の一環として、同市が三億円の補助金を出して建設されたものだが、同元局長はマンションの一室を住宅金融公庫融資を受けて娘名義で取得したものの、一年半も空き家にしていた。同マンションの土地は八八年三月、大阪市から随意契約で払い下げられたものだが、当時の担当局長は、久保元局長だった。担当局長が自らの権限を悪用して取得、これまた投機目的の利ざや稼ぎを疑われた。

梅田卓元監査事務局長　同じく「あべのベルタ」の一室３ＬＤＫを三千百三十万円で無抽選で取得し、親族三人の共有名義で取得していた。

「あべのベルタ」は、現職市議と後援会幹部（当時）も取得し、放置するなど投機目的を疑われた。

自民党・木下伸生市議（阿倍野区選出）　4LDK、八十七・五一平方メートルを三千九百万円で取得した。無抽選である。取得後、空き家のまま放置していたが、大多助役など市幹部の不正取得が問題になり、投機目的ではないかと、疑念を持たれたことから、八九年一月末、あわてて長男を入居させていた。名義は、木下議員の母親。また、同市議の後援会幹部も、「あべのベルタ」の一室を取得したが、空き家のまま長期間放置していた。

市会議員による不明朗な市住宅供給公社の分譲住宅の取得は他にもある。

民社党・鈴木清蔵市議（天王寺区選出）阿倍野区北畠の市住宅供給公社の分譲マンション「ドムール北畠」の一室を八二年、妻と娘、娘婿の名義で六千五百万円で取得したが、空き家のまま放置。また、天王寺区の同じ公社の分譲マンション「センチュリー天王寺」の2LDKを四千七百六十万円で八九年二月、娘と娘婿の名義で購入した際、一般の入居者には禁止されている洋間のフローリングなど特別仕様を、公社に認めさせた。

自民党・太田勝義市議（福島区選出）　住之江区にある住宅都市整備公団（当時）の分譲マンション「はなの町」の一室を八八年購入。自分が住むことが条件の同マンションを空き家のまま放置していたが、一連の入居疑惑発覚で、八九年末、急速家族が入居した。同市議の選挙区は福島区で、自宅も同区にあり、これまた投機目的を疑われた。

職権乱用で甘い蜜を吸う市幹部

不明朗な住宅取得には、なんと大阪市トップの西尾市長も手を染めていた。住之江区南港中の住宅金融公庫融資付の民間分譲マンション「近鉄南港ガーデンハイツ」の一室を、八〇年に千六百万円で購入。金融公庫の融資の条件には自ら居住することが明記されているが、長年放置し、これまた、投機目的を疑われた。当時、西尾市長の自宅は、大阪府下にあった。

前出の元市幹部の不正分譲疑惑が発覚した「桜宮リバーシティーコープ21」をめぐっては、なんと、組合員を差し置いて労組幹部や建設を受注した大手ゼネコン元幹部が公募前に組織的に取得し、転売で五千万円の利ざやを稼ぐ者があらわれた。

あらためて経過を紹介すると、問題のマンション「桜宮リバーシティーコープ21」は、大阪市の「主要プロジェクト」の一つとして位置づけられた宅地開発で、旧国鉄から貨物駅跡地を買い受けた同市が、大阪市住宅供給公社、住宅・都市整備公団（現

UR都市機構）、日本勤労者住宅協会、民間業者の四者に払い下げて建設された。

　このうち、日本勤労者住宅協会分は、大阪労働者住宅生活協同組合が委託を受けて一棟分を施工・販売し、分譲された。さきに書いたとおり、総戸数は百八十八戸で、建設に際しては、大阪市から三億円の補助金が出された。同生協は、単身者用と管理人住宅を除いた公庫融資付百五十七戸を二回に分けて分譲。ところが、最初の七十七戸のうち三十九戸、二回目は八十戸のうち四十戸の計七十九戸について、債権積み立て満了者が申し込み資格を持つ「優先枠」にしたうえ、申し込みも一般公募よりも二週間前に実施し、実際には資格のない組合員や縁故者に優先的に分譲する「裏口入居」をやっていた。

　さらに、「一世帯一住宅」の要綱を無視して一人が二戸取得したり、公募もせずに当選者を決定するでたらめぶりだった。

　そうした連合大阪の幹部の一人で副事務局長兼行政対策局長（当時）だった元大阪市職労組委員長の真場成人氏は、京都府内に同じ大阪労住生協が販売した戸建て住宅（購入金額二千三百万円）を所有していたが、三千二百万円で優先取得したうえ、同生協出入りの不動産業者に約八千万円で売りつけ、なんと五千万円もの利ざやを稼いでいた。連合幹部自ら、マンションころがしを副業にして荒稼ぎをしていたわけで、生協に加入していた多くの組合員や労働者を食いものにしていたのである。

同生協の販売に際して融資を受け付けた住宅金融公庫の中間調査結果によると、実際には資格のない生協組合員や縁故者二十八人を含む六十二人が優先的に不正入居していたことが判明している。疑惑の持たれた同生協の理事長、専務理事、常務理事の三氏は、辞任に追い込まれた。このうち、専務理事は、疑惑が外部に漏れたことを察知した段階で、分譲申込書や抽選結果などを業者に持ち込んで焼却するなど、およそ労組幹部とは思えない汚職業者並みの証拠隠滅を図っていた。

大阪史上最悪のスキャンダル

当時、『朝日新聞』がこんな記事を掲載し、与党市議や労働組合の姿勢を批判した。「決算市議会でも、市は接待した議員名や内部資料の公表を拒否。決算は食糧費の中身をチェックすることなく、認定された。与党会派議員からは『わしら市長を支えんといかん立場やから』の声が漏れた。市幹部の不祥事に、なぜか労組の厳しい声が聞こえない。市労連の角山太亮書記長がいう。『社長（市長）がぺこぺこ頭を下げ、専務（局長）の名前が取りざたされ、会社（市役所）が大揺れになっているとき、ビラまきをするのはいかがなものか。ことの真相と克服すべきものを見極めたい』。税金を私物化する『公費天国』、腐敗に対し、市の内部、議会、労働組合にも、浄化機能

は備わっていないようだ」（八九年十二月十日付）

大阪市政史上、類を見ない公金スキャンダルは、このとき「朝日新聞」が「浄化機能が備わっていない」と指摘したように、もう一つの「公費天国」を引っ張りだした。それが、今回の職員厚遇問題の発覚の契機になったカラ残業問題の出発点である職員へのヤミ手当問題である。発端になったのは、「朝日新聞」の報道（八九年十二月十四日付）である。それによると、大阪市は約十年前から係長以下三万人の職員に、市職員給与条例にもとづかないヤミ超過勤務手当を一律月五時間分（平均月額一万百八十円）支給、過去十年間で総額三百億円にのぼっているという。このヤミ手当の支給は、八〇年ごろ、市幹部と大阪市労働組合連合会（市労連、当時四万五千人）とのトップ交渉でまとまり、同年六月から支給が始まったという。当初は四時間分の超過勤務手当が水増しされ、その二年後から五時間分に増額されたという。

この条例にもとづかない違法なヤミ手当について、市民グループ「見張り番」が、翌九〇年四月、西尾正也市長、大島靖前市長（いずれも当時）、収入役など六人を相手に三百億円の返還訴訟を起こし、のちに裁判所の決定により磯村隆文市長との間で和解が成立した経緯がある。

十五年後に発覚したカラ残業手当は、その和解を反故にし、市民を裏切るものだった。詳しくは、第五章に書いているとおりだが、市がなんら反省していないことだけは、はっきりした。

元大阪市職員でもあった財団法人・大阪自治体問題研究所理事の初村尤而《はつむらゆうじ》氏は、その著『大阪市役所のナカは闇』（一九九一年一月発行、日本機関紙出版センター）で、当時の『上方芸能』編集長で立命館大学教授（〇六年三月で退官）の木津川計《きづがわけい》氏が、八〇年代半ばに大阪を舞台に繰り広げられたグリコ・森永事件、豊田商事事件、阪神優勝の大フィーバーを、大阪のグレードをとことん下げた戦後三回目の文化テロル、と命名したが、大阪市の公金スキャンダルは、その三大事件が束になって挑んでもかなわないほどの、強力な極めつけの事件と論評している。

そして、こうも指摘していた。

「大阪市が都市の品格を失っただけでなく、芯の芯まで腐りきっていたことを全国に轟かせました。おそらく今後、何年にもわたって語り継がれ、大阪の歴史年表に記されるのは、まず間違いありません。日本第二の都市を自賛し、国際花と緑の博覧会をきっかけにして、国際都市の仲間入りをねらってきた大都市大阪で、こんな不潔なことが起こるとは信じられませんでした。グリコ・森永、豊田商事、阪神フィーバーを八〇年代半ばに大阪の文化性を下げた三大事件とすれば、公金スキャンダルは、その規模や悪質さからいって、大阪市のダウン・ザ・グレードの八〇年代の歴史を締めくくるにふさわしい出来事だった、と言えるかもしれません」

まさに、奇跡の生還を遂げたK元課長代理は、大阪市にとっては日本第二の都市、大阪の闇を裸にしてしまうほどの破壊力を備えた「爆弾を抱えた男」だったのである。なぜ、大阪市当局が異例のスピードで懲戒免職処分にしたのか。背景に、大阪市の市役所ぐるみの公金食いが世間に明らかになることを恐れて、K元課長代理一人にすべての責任を負わせて、フタをしてしまおうという思惑があったのだ。

大阪市は、公金乱脈事件に関して、八九年十二月十八年、西尾市長、大多一雄、二宮敏明、大浦英男の三助役など特別職五人の減給、平野元総務局長は依願退職、公金詐取事件を起こした建設局のG元職員課課長を懲戒免職処分にするなど十二人の処分を発表し、幕引きを図った。さらに翌十九日には、あらたに職員二十九人の処分を発表、公金スキャンダル事件での処分は懲戒免職を含め計四十二人となり、当時として市政はじまって以来の大量処分となった。

市民グループ「見張り番」は、K元課長代理をはじめ、西尾市長、上司だった財政部局幹部ら計七人を相手に三千四百六十三万円の返還訴訟（九〇年三月十六日）を、K元課長代理の刑事記録から判明したとして、七人の市議＝床田、太田、舟戸、森野、天野一（以上自民）、松村将司（公明）、富田健治（民社）と西尾市長ら市幹部ら計三十一人を相手に九百二十二万円の返還訴訟（九一年一月二十三日）を、さらに、「私的なクラブでの飲食代金を市の公金で支払わせた」として、実際に飲食したとされる市議二人と市幹部八人、違法支出をチェックする立場にあった西尾市長ら二十五人を相手に、約六百四十万円の返還訴訟(九二年三月三日)を起こした。

これに対して、大阪市は九二年五月八日、私的飲食は職員二十八人・九十四件、千百二十二万円分あったとして、この日までに全額が返還されたと発表した。そして、提訴から六年目の九六年二月、市幹部十一人が返還した約二千五十万円が、訴訟にかかわる補填として支払われたものと双方が確認し、原告側が訴訟を取り下げ、和解した。市への返還額は、さきの分を含め総額三千二百四十五万円となった。ただ、市は市議については不問とした。

訴訟で返還を求められていた七人の市議のうち床田市議が請求を認諾(敗訴)し、一部を返還していたが、市会議長選挙に立候補した九四年六月の市議会直前、残金を含め飲食代四百五十万円を大阪市に返還した。

この公金スキャンダル事件で処分された市職員全員の氏名とその後については、今回の厚遇問題を契機に「見張り番」が、一覧表を作成している。この表を見ると、厚遇問題の市側当事者が、じつは、当時の公金スキャンダルに関与した市幹部職員だったことが一目瞭然だ。まさに歴史は繰り返される、である。

それにしても、大阪市の腐敗はなぜ見逃されてきたのか。

じつは、K元課長代理の上司で、公金スキャンダルで減給処分を受けた当時の春田健一財務部長が、「見張り番」が起こした公金返還訴訟で、代理人弁護士から「食糧費」の使途について聞かれ、こう答えているのだ（九四年十二月十三日）。

春田財務部長　マスコミ関係者とか、それから労働組合関係者とかがございました。（マスコミ関係者との会合の必要性について）大体、新聞記者というようなものですが、マスコミは取材とか記事とかを通じて、市政全般、世の中の情勢とかの知識が多いし、情報も持っている。それから、ジャーナリストというほどのものかは別として、見識もけっこうある。市政に関して、情報交換した場合、私らの知らないこともあって、サゼッションとか、あるいは提案とか、いろんな意見を交換したことはある。予算編成のための情報収集の際、市会議員はどう思っているか、マスコミが、そうか、こんなふうに見ているのかとか、意見、情報が結構参考になる。

公金スキャンダル事件発覚当時、公金返還訴訟を起こした市民団体のメンバーの一人は、こんなことがあったと振りかえる。

「大手の新聞記者が、手に分厚い請求書の束を抱えて、『こんだけ集めるのに苦労しましたわ』と漏らしていました。その時は、なんのことかわかりませんでしたが、裁判でマスコミ接待の話が出たので、ああ、このことかと納得しました」

じつは、今回の厚遇問題で、議員などに配布される地下鉄や市営バスなど無料パス問題が槍玉に上がった。もちろん、マスコミは鬼の首を取ったように議員厚遇の例として取り上げた。ところが、市当局が議会にあきらかにしたところによると、大阪市政記者クラブに所属する大手マスコミは、この春田財務部長が証言した九四年度まで、なんと無料パスを受け取っていたのだ。さらに、市交通局によると厚遇事件が発覚した後も、記者クラブ加盟社を含むマスコミ関係者十九人に、〇五年十一月まで無料パスを渡していたという。

十七年前の公金スキャンダルも、そして今回の厚遇問題も、それこそ自らも公費天国にドップリつかっていたマスコミにも責任の一端があったということになる。

繰り返すが、なぜ、これほど大規模な事件だったにもかかわらず、ノンキャリアの役人一人が逮捕されただけで終わったのか。この最大のなぞについて、当時、公金スキャンダル事件を追っていたその大手マスコミ記者が、「関西独特の土壌」と語っていたことを思い出した。

「捜査当局も行政も出所が市民の税金である同和マネーを含め公金に汚染されている。互いに汚いところを知り合っているが、どうしようもない。あまりにひどい時は事件にするが、了承し合っている。それで互いに倒れずこれまで続いてきた。K元課長代理は、いわゆるトカゲの尻尾切りや。東京だったら全部行かれていただろう。『正論』は、関西では通じないということや」

第七章　大阪破産!!　元凶は「湾岸開発」

バブル崩壊で中之島一家の誤算

「分譲地　区画・面積・価格は、ご相談に応じます」

そこかしこに散乱するビール瓶、ペットボトル、ビニール袋、雑誌や新聞紙などの紙くず、そして、伸び放題の雑草と、荒地さながらの空き地に、バーゲンセールよろしく、こんな売り出し文句の看板が立つ。ここは、破綻した山間部のゴルフ場跡地ではない。大阪市港湾局が管理するれっきとした市有地、大阪南港・咲洲《さきしま》の「コスモスクエア地区」（約百五十ヘクタール）の第二期分譲地（約二十四ヘクタール）だ。

バブル（八〇～九一年十月）絶頂期の八八年（昭和六十三）七月、大阪市はニューヨークの港湾ウォーターフロント計画を手本に、総事業費二兆二千億円の「テクノポート大阪計画」を策定。大阪港に三つの人工島（北から舞洲《まいしま》＝大阪北港北側、夢洲《ゆめしま》＝同南側、咲洲《さきしま》＝大阪南港の北側、計七百七十五ヘクタール）を造成、それを橋や地下鉄で結び、そこに、情報や金融・貿易など先端産業を呼び込み、臨海副都心を建設する構想を描いた。九〇年十月に策定された大阪市の総合計画「大阪市総合計画21」は、「JR大阪環状線に囲まれた地域を一つの都心とすると同時に、南港・北港地区とその周辺の臨海地域を大阪湾ベイエリアの中心地域としてもう一つの新しい都心を形成する」と、双眼型の都市づくりを打ち出した。このなかで、「世界的な商流・物流の拠点機能を充実するための大規模な国際交流センター」として、「アジア太平洋トレードセンター」（ATC）、「国際交易・貿易情報の拠点」となる「大阪ワールドトレードセンター」（世界貿易センター、WTC）、さらに国際ビジネス拠点として、大阪・ミナミの「湊町・難波周辺の開発」を掲げ、「テクノポート大阪計画」の臨海ハイテク都心部構想を肉付けした。

臨海副都心づくりを打ち出した「テクノポート大阪計画」「大阪市総合計画21」とも、戦後の重厚長大型産業の発展が押し上げた高度経済成長が終焉を迎え、低迷期に入った関西経済の復興をかかげて、関西財界が八一年に打ち出した「新しい近畿の創生計画」（すばるプラン）がルーツである。まさに財界主導の副都心づくりだったわけだが、関西財界の後押しで成立した「大阪湾ベイエリア法」（対象地域は、大阪府など近畿二府五県、計二百九十一市町）で、国のお墨付きを受けることになり、その後の大阪市の湾岸地域での埋め立て、ハコモノづくりと、「なんでもアリ」の暴走の起爆剤になった。さらに大阪市は九五年五月、国から「大阪港臨海地域整備計画」の承認を受け、主要な目玉として、WTC、「ユニバーサル・スタジオ・ジャパン」（USJ）、交通流通ターミナル・関西国際空港の玄関口として湊町開発センター（MDC）が運営する「大阪シティエアターミナル」（OCTA）をあげた。

なかでも、咲洲のコスモスクエア地区は、国際交易や先端技術産業の集積地と位置づけられたが、時すでに遅く、九一年秋、バブル経済は崩壊していた。当然、企業誘致は進まず、第二期分譲地の九割が売れ残り、本来、ハイテク都市が出現するはずだった造成地は、ぺんぺん草が生い茂る広大な空き地になった。

その空き地に立つと、いやおうなしに目に飛び込んでくるのが地上二百五十六メートル、五十五階建ての超高層ビル「WTC」である。「コスモスクエア地区」の中核施設だが、これまた、巨額の赤字を抱えて経営破綻し、〇三年六月、借金整理のため裁判所に「特定調停」を申請した。翌〇四年二月、大阪市や金融機関が裁判所の調停案に合意したことから、今後も半世紀近くにわたって借金返済のために莫大な公金が投入されることになった第三セクターだ。

筆者が「コスモスクエア地区」を取材で最初に訪れたのは、九六年秋。「国際交易・貿易情報の拠点」として前年の九五年四月、オープンしたばかりのシンボルタワー・WTC（総事業費千百九十三億円）のオフィスフロアは、各階とも薄暗く、ガランとしていた。聞くところによれば、オフィスの入居率は五〇％しかないという。賃貸ビル業のWTCにとって、入居率の低さは致命的だった。このため、開業初年度に四十九億円の赤字を出し、オープン前の赤字を含めると五十六億円の累積赤字を抱えていた。そんなWTCの救済策として、大阪市はホールや駐車場を買い取るなど、なりふりかまわぬバックアップで開業の九五年、二年目の九六年の二年間で八十二億円もの税金をつぎ込んでいた。そのなかには、年間利用日数二十八日間のWTCギャラリーに、年間賃料として一億二千万円もの税金を注ぎ込んだ例もあった。

この西日本一高い超高層ビルと二階部分が歩道橋でつながっている、国際流通センターであるATC（総事業費千四百六十五億円）は、もっとひどいことになっていた。九四年四月のオープンから二年余りたっていたが、テナントの入居率は四〇％しかなかった。経営状態はWTCと同じで、開業一年目に五十六億円、二年目に七十四億円の赤字を計上。開業前の赤字を含めた累積欠損は、じつに百四十二億円にもなっていた。ATCへの大阪市からの財政支援は、ホールの建設分担金を含めると百三十億円を超えていた。

開業したばかりのこの二つの巨大施設の累積赤字合計百九十八億円は、人口七万二千人の大阪府阪南市の年間予算百九十一億円を上回る巨額なものだった。

開業即、破綻状態に陥っていたにもかかわらず、磯村隆文市長（当時）は、この二つの第三セクターを「市場開放と流通革命のシンボル」と自慢し、ATCの目玉の一つを「中小企業のための会員制国際卸売マート」としていたところから、「中小企業の振興と集客都市づくりを進める上で重要」と、あくまで強気だった。

しかし、巨大プロジェクトに詳しい奈良女子大学の中山徹助教授は当時、筆者の取材にWTCやATC、MDC（開業九六年三月、総事業費四百七十八億円）など大規模開発型の第三セクターのあり方について、こう警告していた。
「資本参加している民間企業も責任を担うべきなのに、大阪市は必要以上に赤字の穴埋めを買って出ている。責任の所在を追及しようとしても、一般企業ということで、情報公開もほとんどない。せめて第三セクター本来のあり方に軌道修正しないと、この先、とめどもなく市民の税金がつぎ込まれることになる」（「日刊ゲンダイ」九六年十月五日付）
それから、年月を経たいま、WTCなど第三セクターは、中山助教授が警告したとおり、とめどもなく税金がつぎ込まれた挙げ句、軒並み巨額の借金を残して、経営破綻している。
その象徴が九〇年代末から税金のムダ遣いとして社会問題になった、「赤字三K」「赤字五K」と呼ばれる大阪市が筆頭株主の第三セクターである。「赤字三K」とは、さきの「テクノポート大阪計画」で位置づけられた「WTC」「ATC」「MDC」で、これにミナミの地下街「クリスタ長堀」（開業九八年、総事業費四百四十億円）、〇六年七月一日から、名称を「京セラドーム大阪」と改名した旧「大阪シティドーム」（開業九七年、総事業費六百九十六億円）の二つを加えて「赤字五K」という。大阪市の担当部局が、港湾局（WTC）、経済局（ATC）、計画調整局（MDC、大阪シ

■三セク赤字五兄弟の04年度決算

（単位：千円《千円未満切り捨て》、%）

団体名	当期利益（▲当期利益）	累積余剰（▲累積欠損）	基本金	大阪市出えん比率
(株)大阪ワールドトレードセンタービルディング（WTC）	▲1,045,606	▲13,261,575	17,650,000	60.9
アジア太平洋トレードセンター(株)（ATC）	▲99,197	▲3,015,142	24,111,250	39.4
(株)湊町開発センター（MDC）	163,120	▲19,300,227	19,404,950	79.8
(株)大阪シティドーム	▲1,775,523	▲25,243,547	9,671,000	20.7
クリスタ長堀(株)	▲461,190	▲3,798,288	1,900,000	42.1

（「大阪市経営企画室」ホームページより）

ティドーム）、建設局（クリスタ長堀）と、頭文字がいずれも「K」であるところから命名されるようになったものだ。この五つの第三セクターは、当時流行った歌謡曲「だんご3兄弟」に引っ掛けて、皮肉交じりに「赤字三兄弟」「赤字五兄弟」とも呼ばれた。

その「赤字五K」とは、一体、どんな第三セクターなのか。すべてを紹介すると長くなるので、代表してWTCの概要を紹介する。WTCが破綻した経緯は、そのまま、他の第三セクターと共通するからでもある。

さきにも触れたが、WTCは、「テクノポート大阪計画」のシンボルタワーにして、「コスモスクエア地区」の中核施設で、「国際交易・貿易情報の拠点」がウリだった。資本金百億円。大阪市が筆頭株主（二五％・二十五億円）で、ほかに三井不動産、三井物産、日本政策投資銀行、みずほプロジェクト、大林組、三井住友銀行、関西電力、大阪ガス、NTT西日本などが出資して八九年四月、第三セクターとして設立された。開業は九五年四月だが、それまでに、なんと四回にわたって事業計画を変更し、当初、五百二十億円としていた事業費が、開業時には二・三倍の約千百九十三億円（うち借入金九百九十三億円）に膨れあがった。それとともに、ビルの高さも、三十三階・百五十メートルから、「どうせなら西日本一高いビルを」という理由で、五十五階・二百五十六メートルに延びた。

もはやバブル経済も崩壊し、「そんなむちゃくちゃな」とだれしもが思うところだが、そんなゴリ押しを平気で通すのが、市役所、市長与党一体の「中之島一家」なのである。

第二庁舎化したWTC

――視界三百六十度の大パノラマ。地上二百五十六メートルの西日本一の高さからの眺めは、天上のオアシス――WTCの謳《うた》い文句が書かれた案内パンフレットを手に、筆者も料金千二百円（当時）を払い、エレベータで展望台に昇ったことがある。なるほど、遠く明石海峡大橋まで見渡せる眺望は確かに素晴らしい。

しかし、ここは観光施設ではない。それどころか、地上は地獄だった。開業当初から、オフィスフロアの約七割が空き室で、収益を上げるどころではなかったからである。事業費が膨れ上がった分、増えた銀行からの借入金（旧日本開発銀行約百億円＝無利子、大手都銀など民間金融機関約五百五十億円＝平均利率二・九四五％の計六百五十億円）の元金金利返済がたちまち経営を圧迫。開業翌年の九六年度決算で、単年度五十八億円、累積で百十四億円の赤字を計上し、早々と債務超過に陥った。沈みかけた船からネズミが逃げ出すように、開業の翌九六年十月以降の一年間で日本電気、日立製作所、東京海上火災、住友海上火災の大手四社が撤退し、オフィスフロアに大穴があいた。ＷＴＣの計画・建設で民間企業の中心的役割を担ったのは三井グループ（三井不動産・三井物産）といわれている。ところが、大阪市に次ぐ大株主で全フロアの一五％を占めていた三井物産が九九年末、自社ビルを建てて出て行ってしまった。不便で、高家賃のせいだった。

当時、ＷＴＣのあるトレードセンター前駅に行くには、途中、市営地下鉄・中埠頭駅から第三セクターの「大阪港トランスポートシステム」（ＯＴＳ）が経営するモノレール（〇五年七月から市交通局が経営し、料金体系は市内の地下鉄と同じになった）に乗り継がねばならず、二百三十円が別途加算され、梅田から四百八十円もかかっていた。このため、WTCに勤務する職員は朝夕の出退勤時にほとんどトレードセンター前駅を利用せず、約六百メートル離れた乗り継ぎ駅の地下鉄・中埠頭駅までテクテク歩いたものだ。この人波は壮観だった。梅田から神戸・三宮《さんのみや》までの阪急電車の料金が三百九十円であることを考えると、いかに高かったかがわかる。だれがみても、人やモノ、企業が集まる場所ではなかった。

大手企業の撤退で、WTCは、もはや「国際交易・貿易情報の拠点」施設ではなくなった。開業当初から赤字だったWTCを救済するため、大阪市はホールや駐車場を買い取り、ライトアップのための設備費用を負担するなど、なりふりかまわぬバックアップで開業後二年間で八十億円を超える税金を注ぎ込んだ。しかし、これも焼け石に水だった。

そこで大阪市が考え出したのが、なんと市役所の第二庁舎化だった。家賃名目で、公金を投入しようというわけである。九八年に港湾局が「現庁舎の耐震構造を高める改修工事の間」という理由で、WTCの空きフロアに入居したのを皮切りに、〇一年三月には建設局、水道局、下水道局、大阪市土地開発公社など外郭団体が入居。さらに、〇二年春には、都市環境局（下水道局と他部局の一部を組織再編してできた部局）、ゆとりとみどり振興局が入り、WTCに勤める市職員は約二千七百人にのぼった。オフィスフロア入居率九三％のうち、大阪市関連は五局、十二外郭団体と七三％

を占め、家賃支援は百五十億円に達した（〇三年度末）。

こうした家賃支援や貸付金二百億円などなりふりかまわぬ支援の結果、大阪市からWTCへの公金投入は八百億円（〇三年度末）を超えた。

開業以来の累積赤字（〇三年度末）は三百三十億円に達し、借入金が九百八十二億円（同）にもなったWTCがギブアップしたのは、〇三年六月のことである。ATC（累積赤字四百七十六億円、借入金千二百六十三億円）、MDC（同百七十五億円、同三百八十六億円）も同時に破綻し、三社は債権者である金融機関や大阪市に債務免除を求めて大阪簡裁に「特定調停」（債権者と債務者の間に裁判所が入り、借金の整理を行なうもの。この場合、債権者は大阪市と金融機関であり、債務者は第三セクターとなる）を申し立てた。

三セク事業としては、国内初の「特定調停」だったうえ、三つのビルのテナント床面積は甲子園球場の十四倍、総事業費は三千百億円、その費用の大部分を金融機関からの借金で賄うという、大規模な第三セクターの無謀さと破綻の典型として全国的にも注目を浴びた。

結局、翌〇四年一月末、市議会与党（自民、公明、民主）の賛成多数で「特定調停」は受諾され、二月に成立した。「調停」は、おおよそ以下のような内容だった。

金融機関が合計二千六十四億円の債権のうち、九百二十六億円を放棄する。大阪市は貸付金五百二十九億円のうち三百二十九億円を株式化して事実上放棄し、あらたに百四億円の追加出資を行なう。金融機関の第三セクターに対する残債務は、大阪市が損失補償する。大阪市は、これとは別にATCとMDCに三百五十億円の補助金を支出し、三Kビルの家賃（民間オフィスの一・七倍から二・七倍）千八百三十五億円支払うなど、今後三十～四十年間にわたって合計二千六百十八億円を負担する……。

これだけでは、市民にどんな影響が出るのか、わからない。そこで、当時、「調停」の受諾に反対した共産党の瀬戸一正市議に、解説してもらった。

「何より、特定調停は市民に大きな負担を強いるものです。理由を申し上げると、金融機関の側は一定の債権放棄を行なうとしていますが、すでに金融機関はこれまでに三セク三社から元利合計で千二百四十六億円も回収しており、（特定調停で市が残債務を損失補償することが義務づけられたことから）残債務千百三十八億円と利子五百二十八億円を回収できることになりました。金融機関の貸付総額二千七百二十億円に対して、回収金額は二千九百十二億円と、結果的に二百十億円ものお釣りをもらえることになりました。損はしていないんです。逆にもうけたんです。

これに対して大阪市は、これまで三社に千三百五十四億円の公金をつぎ込んだうえ、新たに追加融資百四億円、（貸付金六百九十九億円のうち）三百二十九億円の貸付金を放棄しこれを株式化して事実上財政支援に充てる、この他ATCとMDCに三百五十億円の助成金を出す、三社に入居している市部局の家賃千六百十八億円を支払う、と合計二千二百八十九億円の公金支出が義務づけられました。

　市民一人あたりにすると、十万円の負担です。三セク三社の赤字を大阪市の公金で穴埋めする、銀行への借金の返済を大阪市が税金で肩代わりするという、まったく不合理、無責任なものです。追加融資された百四億円に加えて放棄した債権三百二十九億円が株式化されれば、大阪市は三社のそれぞれの持ち株数において九九・九九％もの株主になり、事実上、大阪市の子会社化されることになります。そうなると、大阪市は経営破綻の全責任を引き受け、第二次破綻すれば、金融機関の債務保証の全責任をとらざるを得ない極めて危険な立場に追い込まれることになりました」

　さらに瀬戸議員は、大阪市の新たな財政支援である百四億円の追加出資の無謀さについて、こう解説する。

「この百四億円は、地域再生事業債というあらたな地方債、借金です。借金をしてまで追加融資をしようというわけです。三十年間かけて返済するとしてもその利子だけで、二十七億円になります。この追加融資百四億円のうち、四十億円はＷＴＣの出資金に充てられるものですが、その原資は大阪市港湾局の港営事業会計の地域再生事業債からまわしたものです。港営事業会計は、土地が売れず向こう五年間で二百五十億円もの借金を返済しなければならないほど危機的な事態で、ＷＴＣへ借金をしてまで出資する余裕などまったくありません。地域再生事業債は、地方自治体が単独事業として行なう公共投資、学校その他の文教施設、保育所その他の厚生施設など、広い意味での公共投資に充てることができるものですが、これをわざわざ第三セクターの失敗の穴埋め、銀行支援に使うというわけです」

さらに、こうも付け加えた。

「開業時のATC社長だった市職員OBの井筒邦雄氏は、関経連（関西経済連合）の月例理事会での講演（九四年四月）で、こう述懐しています。『景気が悪化しはじめたとき、私は設計の中断、もしくは規模の縮小を真剣に考えました。事実、完全な民間会社だったら、そうしていたでしょう。しかし、ATCは大阪市の出資を得て設立した第三セクターであり、当初予定通り建設することにしました』。つまり、バブルが崩壊していたのに、市がカネを出した事業という呪縛にとらわれ、暴走したのです。そして、破綻に至ったというわけですが、『特定調停』に持ち込んだのは、法的整理がなされれば、銀行は特定調停より多くのものを失うからです。たとえば、法的整理にいたった宮崎県のシーガイアは千五百六十億円の資産が百六十億円でしか売却できませんでした。特定調停を軌道に乗せた磯村前市長は、新聞紙上で『銀行は仮に一部を債権放棄しても、残った債権が確保されたらいいじゃないですか』と、最初から銀行に対する損失補填を視野に入れた発言をしていました。大阪市の特定調停受諾の方針に、関経連の秋山喜久会長（当時）が『大阪市が抱えている大きな負の遺産の一つが解決する方向になった』と、さっそく歓迎の声を上げたと報道されましたが、『特定調停』が、市民負担は増えるが金融機関には甘い解決策であることを関西財界の代表が自ら吐露したものといえます」

赤字五セクの社長は市職員ＯＢ

「特定調停」成立を受けて、ＷＴＣは〇四年九月、資本金を百七十六億五千万円に増資し、瀬戸議員が指摘したように大阪市が発行株式の九九・九％を所有する株主になった。ＷＴＣはさらに〇六年三月期、土地・建物などの実勢価格を反映させた「減損会計」を導入し、五千七百十一億円の特別損失を計上。赤字穴埋めのため資本金を一億円に減資し、資本準備金も取り崩したが、累積赤字は〇四年度の二百十五億円から〇五年度見込みでは五百十六億円と膨らんだ。ＷＴＣの上層階は、「第二庁舎」化し、商業テナントが入る一階から三階までのフロアには、「九九円ショップ」やパチスロ店まで入居、いまや、なんでもアリの雑居ビルと化している。もはや当初目的の公的施設の面影はなく、「世界貿易センター」などと、恥ずかしくて口にできないほど、無残な姿になっている。

「特定調停」を受けて、市民グループ「見張り番」のメンバーが〇四年四月、「賃料に名を借りた利益供与だ」として、大阪市を相手に「WTC、ATCに入居している市部局や外郭団体の賃料月額七千円（一平方メートルあたり）は、民間企業の賃料月額約三千五百〜四千五百円（同）の一・五〜二倍と高すぎる。適正額を超えた賃料総額八十一億三千万円を返還させよ」と、大阪地裁に提訴するなど、市民の眼は相変わらず厳しい。

さらに言えば、ATCも特定調停の成立を受けてWTCと同じように増資し、やはり大阪市の持ち株比率が九九・九％となった。その後、五百二十九億円の特別損失を計上し、〇六年二月、資本金一億円の会社になった（〇五年度累積赤字見込み三百三十億円）。WTCが大阪市役所の「第二庁舎」化したように、ATCもまた、大型家具店、アウトレットモール、ゲームセンター、アクセサリーのフリーマーケットが入居する「雑居ビル」に変貌している。

ATCも不祥事と無縁ではない。関西国際空港開港記念イベントとして企画した「世界最大の恐竜博」をめぐり、同社に出向中の市幹部が同ビルを受注したゼネコン十六社に対して、受注価格に応じて五百万〜三千万円の「協賛金」を要請していたことが発覚。たとえば〇五年十二月、ATCの施設設備工事を、市幹部が役員を兼任する経済局の外郭団体に特命随意契約で独占的に発注、同外郭団体は、これをさらに特定の民間業者に丸投げしていたとして、市民グループが業務委託料九億一千万円を返還するよう住民監査請求を起こした。

ＭＤＣも大阪市の二十四億円の追加出資と二百四億円の貸付金株式化で資本金は百九十四億円に増資され、大阪市の持ち株比率が九九・九％になった。同社も〇六年三月、大阪市から投入された公金すべてを赤字解消に回し、資本金を一億円にした。

開業当初、十三の航空会社のチェックインカウンターがあり、「手ぶらで海外へ行ける」ことがキャッチフレーズだった「関西国際空港の玄関口」ＭＤＣも、わざわざバス会社に年間六億数千万円もの「運行保証金」を支払って運行させていた直行バスの「リムジンバス」が、一台の乗車平均三人とまったく振るわず、「空気を運ぶバス」と揶揄《やゆ》されたあげく、廃止に追い込まれた。ついには航空会社もすべて撤退し、本来の目的であるエアターミナルの機能を失ってしまった。航空会社の搭乗受付場所は百円ショップになるなど、これまた、単なる雑居ビルに変質、公共性など影も形もなくなっている。

そのＭＤＣも、疑惑まみれのなかで開業した第三セクターだ。もともと、ＭＤＣの土地は、ＪＲの貨物基地跡地で、大阪市が国鉄清算事業団（九八年に解散）から一平方メートル当たり七百三十万円という法外な値段で買収した、それこそ黄金の土地（総面積二・三ヘクタール、総額千五百億円）の上に建設されたビル。九三年三月、大阪市に出向中のMDCの役員らが、同社が経営する駐車場の売り上げ代金など八百五十五万円をゴルフや飲食代に使っていたことが発覚。この不正経理の中心人物は前年の九二年七月、暴力団がらみの不動産業者から八千ドル（約百万円相当）分の旅行小切手（トラベラーズチェック）をもらい、家族で二週間フィジー旅行していたこともあきらかになっている。

この不動産業者は、湊町開発地域にある私有地の地上げに関与したといわれる業者で、旧三和銀行プロジェクト開発室が、大阪市が次つぎと打ち出していた環状線内のプロジェクト予定地の地上げ業者として使っていた。この業者は、〇五年五月、脱線事故で百七人の死者を出したJR宝塚線の大阪市内分（JR東西線）の地上げにも関与。大阪市議会で地権者に対する巨額の幽霊補償が発覚したが、同線の事業主体である大阪市も出資する第三セクター「関西高速鉄道」は、市計画局長から後に助役となった佐々木伸《しん》氏が当時、役員になっていた。その佐々木氏が、土地買収終了後の九一年七月、旧三和銀行開発室の幹部らとともに、十一日間のヨーロッパ視察旅行に出かけていたこともあきらかになった。大阪市が関与したプロジェクトは、どこもかしこもキナ臭さが漂った。

大阪市特定団体調査委員会は特定調停成立を受け、〇四年十月報告書をまとめたが、「WTCが持つ公共性」について、こう記述している。

「大阪市が国際都市として発展するため計画された『テクノポート大阪』の中核的役割を期待された施設」で、現在も「貿易化、港湾、情報処理、サービス業務等を集積させたインテリジェントビルとして企業のニーズに対応できるよう計画された施設であり、公共性が高い」。

同報告書は、ATC、MDCも同じように「公共性が高い」と評価し、公金支出を正当化しているが、実態とあまりにもかけ離れた評価は、「赤字三兄弟」の施設に入居し、働いている市職員も失笑ものだ。それもそのはずで、同特定団体調査委員会のメンバー五人のうち二人は、赤字三セクの責任者である關市長と土崎敏夫《どざきとしお》筆頭助役（当時）なのだ。どうあっても、自らの失政を認めるわけにはいかなかったのだろう。

しかも、当時の赤字五セクの社長はすべて大阪市職員OBで、五社合わせて計三十人の常勤役員のうち、四割の十二人が市職員OBなのだ。こうした市職員OBの役員報酬は、年収一千万円を超えるといわれていた。

初代社長に建設局長OBを送り込むなど、建設局をあげて取り組んできた地下街と駐車場をセットで運営してきた大阪・ミナミの「クリスタ長堀」も〇四年十一月には事実上破綻、「特定調停」に持ち込まれ、〇五年六月成立した。その結果、大阪市は新たに十五億円の追加出資と約百五十億円の損失補償を行なうとともに、クリスタ長堀が経営する地下駐車場を、大阪市一〇〇％出資の大阪市道路公社が四十七億円で買い取り、金融機関への弁済に充てるなど、またまた、失政のツケを市民に押し付けることになった。クリスタ長堀は、大阪ミナミの心斎橋から東西に走る長堀通りの地下一階が商店街、地下二、三階が千三十台を収容できる二十四時間営業のマンモス駐車場になっているが、なぜ地下街を三セクにして大阪市が四二・一％もの大株主にならないといけないのか、計画段階から疑問視されていた。

そして、〇四年十一月には、旧近鉄バファローズ（現オリックスバファローズ）の本拠地だった大阪ドームが五百十一億円の負債を抱えて破綻、大阪地裁に特定調停を申し立てた。しかし、大阪市が買い取るドームの価格をめぐって協議が難航、親会社である大阪シティドーム社は特定調停を断念し、〇五年十月、会社更生法の適用を大阪地裁に申請。〇六年五月、大阪市が債権や出資金を放棄し、オリックスグループの不動産会社「オリックス・リアルエステート」にドームを九十億円で売却。オリックス側は五億円でドーム社の全株式を取得し、九月一日から事業を継承し、取得から五年後に市への同ドームの寄付について協議することなどの計画案がまとまった。また、京セラとの五年間のネーミングライツ（命名権）契約も締結され、七月一日から「京セラドーム大阪」となった。この再建案は六月市議会にかけられ、自民、公明、民主の与党による賛成多数で可決された。

この結果、大阪市の出資金二十億円、融資二十八億円、外郭団体間で資金を融資する大阪市土地開発公社のグループファイナンス五十六億円、保証金四億円など総額百八億円が回収不能となった。しかも、オリックスに対して大阪市は、今後もアマチュアスポーツ振興補助金八千六百万円、公共デッキ補助金三千九百万円、固定資産税減免二億八千万円、土地賃料八千万円など総額四億八千五百万円を超える支援をこれまでと同様に行なうこととなった。またまた、税金をドブに捨てたのである。東京ドーム、名古屋ドーム、福岡ドームとも、それぞれ民間事業。ドーム事業に本来、自治体が公金をつぎ込む必要はなかったが、これまた大阪ガスの工場跡地開発という、独占企業のリストラの後始末のために大阪市がわざわざカネも人も出したうえ、失敗の尻拭いまでしたというわけである。

これで、關市長が就任以来、市が「負の遺産」処理のため債権を放棄したり、支出したりする額は、一千億円を突破することになった（旧芦原病院への貸付金百三十八億円を含む）。

土地信託事業も軒並み赤字

「赤字五K」に限らず、当初の性格を失い、なんのために巨額の財政支援をしたのかわからない第三セクターもある。第八章で触れるが、〇一年に開業したUSJ（ユニバーサル・スタジオ・ジャパン）では、〇六年六月の株主総会で元大阪市助役の佐々木伸会長が退任するなど、大阪市出身の取締役は四人からわずか一人に減少した（全体で十一人）。同社は、前年八月の第三者割当増資でゴールドマン・サックス・グループが四二・七五％を所有する筆頭株主になり、大阪市の持ち株比率は、開業時の二五％から一二・九八％に減少し、経営への影響力は減少した。東京ディズニーランドが完全に民間で運営されているにもかかわらず、ＵＳＪは総事業費千七百億円のうち、大阪市が出資金・貸付金二百億円、区画整理補助金百六十七億円、港湾局用地三百七十五億円、臨海道路負担金五十二億円、その他四十五億円の合計八百三十九億円と、総事業費の過半数の公金を投入して事業を推進してきた。

「映像産業を立地させる」と公約していたが、これも破綻。ＵＳＪの建設のため、大阪市は九百八十六億円もかけて区画整理事業を行なったが、うち、国の補助金などを除いた約七百五十億円は、区画整理した土地を売って回収しなければならない。ただ、保留地の大半の十八・七ヘクタール（五百六十億円相当）はＵＳＪの底地や駐車場用地として使われているため、売却は無理。約七百五十億円は大阪市が起債して立て替え払いをしているため、最終的には四百八十六億円の起債の返済が焦げ付き、これも大阪市の負担となるところから、ＵＳＪの開業費と合わせて大阪市の負担は千三百億円を超えるといわれている。たんなる巨大遊園地のため、これまた市民の巨額の税金が、外資系企業の金儲けに使われたという結果になったのである（その後、大阪市は株式をすべて売却し、USJはゴールドマン・サックス系のSGインベストメンツの完全子会社となる）。

経営破綻に陥っているのは、第三セクターだけではない。土地信託事業（土地の所有者から一定期間、土地の利用を委託された信託業者が施設の建設や運営を行ない、利益を土地所有者に配当し、信託銀行はテナント料から一定割合の信託報酬を受け取る。信託期間終了後は、土地、建物は土地所有者に戻る。しかし、負債も引き継がなければならない）でも、莫大な借金のツケが回ってくることになりそうだ。

大阪市はバブル期「市有地活用の切り札」として、八八年三月に港区弁天町の「オーク２００」、八九年二月に、ミナミ・アメリカ村の「ビッグステップ」、九一年三月に住之江区の「オスカードリーム」、浪速区霞町の「フェスティバルゲート」、同年十一月に新大阪の「ソーラ新大阪21」、そしてバブルがはじけた後の九四年二月、北区扇町の「キッズパーク」と、次々と六カ所の土地信託事業をスタートさせた。ところが、軒並み赤字なのだ。

なかでも、庶民の街・大阪を代表する通天閣の足元にできた、総事業費七百四十九億円の都市型遊園地・フェスティバルゲート（交通局霞町車庫跡地）は大いに注目されたが、三百八十億円の赤字を残して破綻、〇四年九月、東洋・三井・中央・日本の四信託銀行との信託契約が解除された。大阪市議会は与党の賛成多数で破綻の責任をあいまいにしたまま「これ以上の公金を支出しない」との付帯決議をつけて、大阪市が借金のうち二百億円を負担することに同意、不採算施設を買い取った。ところが、大阪市に戻った土地は当初の半分余りで、施設も「(売り物の)ジェットコースターは、土日祭日のみ営業」(同施設)で、店舗もファストフード店が二、三開いているだけで、ほぼ休眠状態にある。

一旦、オリックス系企業と再生計画を結んだものの、入居テナントとの立ち退き交渉に失敗して、再生計画は白紙に。付帯決議を無視して、損害金と管理費などに新たに十四億三千万円支出したがお先真っ暗の、これまた泥沼状態に陥っている。同施設では、家賃の値上げに反対していたテナントがエアコンの修理を要請したところ、管理会社側が、「家賃の値上げを認めたら修理してやる。暑かったら出て行け」と暴言を吐き、長期にわたるテナント「いじめ」「追い出し」が市議会で取り上げられた。○五年十二月には、テナントの飲食店経営会社が「遊園地の失敗で、経営が悪化した」として、交通局と信託銀行を相手に五億六千万円の損害賠償を求めて大阪地裁に提訴している。

破綻時、磯村市長(当時)自ら「失敗したいい例」といわざるを得なかった土地信託事業だが、○五年二月にまとめられた「霞町用地土地信託事業調査委員会」の報告書によると、疑惑の土地信託事業が行なわれていたことが浮かびあがってくる。その最大の問題は、警備費用だ。同報告書によると、開業当初の警備費は、平年度化すると約二十四億円で、なんと同費用だけで収入を上回っていたという。その後、警備費は、十九億円、十億円、五億円と値下げされたが、警備費用は、「費用面で経営を大きく圧迫した要因」（同報告書）で、トータルすると支出の四割を占めていたという。

よくも、そんなでたらめな経営がまかり通っていたものだと、だれしもが疑問を抱くところだが、請け負っていた警備会社というのは、じつは自民党の中山正暉元郵政大臣が〇六年七月まで監査役で、役員には地元浪速区の元部落解放同盟支部長や元暴力団幹部が就任していたこともある、いわくつきの会社なのだ。さきに、「信託契約を解除し、戻ってきた土地は当初の半分余り」と書いたが、処分された残りの土地はこの警備会社の兄弟会社である不動産会社に売却されたものだった。しかも、事業計画時、この処分地の売却額は坪当たり約三百八十五万円、総額百億四千三百万円と見込んでいたが、引き渡し時には坪あたり百三十二万円、総額三十四億四千三百万円と当初の三四％まで落ち込んだ（最終的には破綻し閉館されたフェスティバルゲートの横で、この不動産会社は現在も温泉浴場施設を経営している）。

他の土地信託事業でも、住之江区の「オスカードリーム」は、開業以来、借入金が二百七十二億円に膨らみ、〇六年九月事実上破綻した。

都市再生事業は街壊し

面積二十八ヘクタールと、市街地再開発地としては日本一大きい阿倍野再開発事業も、事実上破綻状態にある。総事業費六千八百億円の同事業は、木造住宅や商店など約二千七百軒を順次立ち退かせ、七六年から始まった、梅田、難波に次ぐ、大阪市の第三の新都心づくり。住宅棟、商業ビルなど次つぎと建設され、六十三階建て、高さ二百九十メートルというWTCよりはるかに高い超高層ホテルが計画されたが、出店を予定していた百貨店が倒産するなどしたため、予定が狂い、〇四年には事業全体で二千億円もの収支不足に陥ることがあきらかになるなど、事実上破綻している。

それでも、高層ビルの建設などの事業は続けられているが、大阪市が〇五年九月に発表した「市政改革マニフェスト」によると、阿倍野再開発事業の収束時の負債額イメージは約千八百八十億円と、これまた巨額の市民負担は必至になっている。

筆者は〇五年暮れ、同再開発地を訪ねたが、映画もショッピングも楽しめる商業ビルとまるで爆弾が落ちたようなデコボコの造成地の間に、わずかに商店街が残っていた。うまくて値段も安い下町のフランス料理店があった場所で、筆者も何度か足を運んだところだ。しかし、その商店街もシャッターを下ろした店が目立った。その一つに、「閉店のお知らせ」と題して、こう番かれてあった。

「この度、あべの開発により閉店することとなりました。これまでご愛顧くださいましたお客様、並びにお世話になりましたご近所の皆様、心よりお礼申し上げますと共に、有難く感謝申し上げます。店主」

大阪市の平成の再開発は、庶民の街大阪の下町を潰し、街壊しになったことは間違いない。

それにしても、なぜ、こうまでして大阪市は破綻した赤字事業に税金をつぎ込み続けるのか、だれしもが疑問に思うところだ。そのナゾを長年、湾岸開発をウォッチしてきた市民団体「大阪湾会議」の小西和人代表幹事は、こう明かす。

「税金の無駄遣いの象徴となった『赤字三K』ビルの発注先と発注額のリストを見てほしい。この三Kの総事業費は三千百三十六億円で、そのうちゼネコンに入ったのはなんと七二％の二千二百八十五億円にもなります。埋め立ても大手のゼネコンやマリコン（マリーンコントラクター）でないと手がけられません。銀行は、五Kの株主でもあります。株主である銀行から事業費の大半を借金して第三セクターをつくったため、その赤字の穴埋めで大阪市は超低利の融資を続けてきました。五Kが大阪市から借りたカネの大半は、大阪市の低金利の十倍、二十倍も高いそれぞれの株主である銀行への元利払いにまわされてきました。要は、ゼネコンと銀行が儲けるためのものなのです。そして、もう一つのナゾは、市長や与党にゼネコンなど企業からガバガバカネが入ることです。湾岸開発は、故西尾市長がレールを敷き、磯村前市長が建設し、現市長が破綻させたといわれていますが、磯村前市長の選挙資金管理団体『大阪都市計画問題研究会』の九九年分の政治資金収支報告書（二〇〇〇年十月、府選管公表）によると、同年十一月に市長選挙があったこの年、大手企業や市役所幹部職員OBなど個人、政治団体などから総額二億八千万円の献金を集めながら、選挙後も個人や企業献金、繰越し分など合わせて約三億三千万円も貯め込んでいたことがわかりました。選挙で多額のカネを使い、それでもこれだけの資金が残ったというのは、もはやバブルは崩壊しているのに、それでも経済成長が四％続くことを前提にしてハコモノづくりに邁進した磯村前市長に対する謝礼と期待を込めた献金がいかに巨額だったかを示すものです。

総務省が発表した政治資金収支報告書によると、同じ時期の〇一年の一年間、市長与党の自民、公明、民主の三党は、WTCなどを受注した大手ゼネコンなどから、一億一千万円の献金を受け取っています。与党もまたムダな巨大開発に群がっていたというわけです」

バブルに踊らされた当時の大阪市の上層部がいかに腐敗していたか、〇五年九月、与党最大会派の自民党・大丸幹事長が市会でこんなエピソードを明かしている。

それは、磯村前市長が初当選した直後の九五年暮れから九六年新年にかけての三日間、妻、娘とともに家族三人が南港の高級ホテルに招待され、自動演奏のピアノ付き部屋へシェフが来て料理する一泊数十万円の部屋に泊まり、きょうはフランス料理、次は日本料理と、贅沢三昧したというものだった。そして、同幹事長が「こんなもん、あきらかに公職選挙法違反ですよ。当選のお祝いを受けるということは」と、九六年一月の決算委員会で取り上げようとしたところ、当時の市長室長（のちの助役・土崎氏）が飛んできて、土下座までして止めようとしたという。結局、ガバメント扱いで、それもたまたま部屋が空いていて、一泊六万円で泊めてもらったということで請求書を送らせ、料金を支払うことで「接待」疑惑を逃れたというのだ。

その磯村市長（当時）が市議会で「財政非常事態」を宣言したのは、二期目の〇二年十一月のことである。このとき、大阪市の起債残高（借金）は、一般会計、特別会計など全会計合わせて五兆二千七百十五億円（〇二年三月末）だった。それから四年、借金はさらに膨らみ、〇六年度末見込みでは五兆五千百八十七億円、二百六十万市民一人あたりに換算すると二百十万円と巨額なものになっている。

大阪市が天文学的数字の負債を抱える最大の原因になったのは、冒頭の大阪湾岸開発を中心にした九〇年代の数々の大規模プロジェクトである。九〇年代の十年間、大阪市は公共投資額を八〇年代の二倍、八兆円に膨張させ、そのため起債を二・七倍の四兆一千億円も発行した。当時の日本政府がアメリカに公約した「十年間で四百三十兆円の公共投資」が背景になったもので、その経済政策に踊らされ、大阪市はこれまで繰り返し指摘したように「テクノポート大阪」など巨大開発をすすめてきた結果が、今日の財政危機の最大の原因である。

その反省なきまま、いままた、關市長を街づくりの会長にして、新しい大規模開発が始まっている。

JR大阪駅の北側、「西日本で最後に残った一等地」といわれる梅田北ヤード開発（二十四ヘクタール）だ。三十八階建ての超高層ビルや新駅舎、ホテル、大学、病院、マンションなどの一体開発で、大阪の都心を大改造しようという国家的プロジェクトだ。大阪市は〇六年度予算でこの梅田北ヤード先行地区の土地区画整理事業などに四億三千万円の補助金を支出した。

一方、この再開発で貨物基地が、JR吹田駅と百済駅（大阪市平野区）に移転されることになった。このため、地元住民や沿線住民から、「予定地は住宅密集地で、小学校や幼稚園も隣接。一日千台ものディーゼルトラックが走ることになり、排ガスや大気汚染、騒音など環境悪化は必至」と激しい反対運動が起こり、吹田市では約四万人の市民が署名して、住民投票条例制定の請求が行なわれた。請求は、〇六年四月、与党の反対多数で否決されたが、この開発は税金はもちろん、公害被害まで市民に押

■増え続ける市債残高

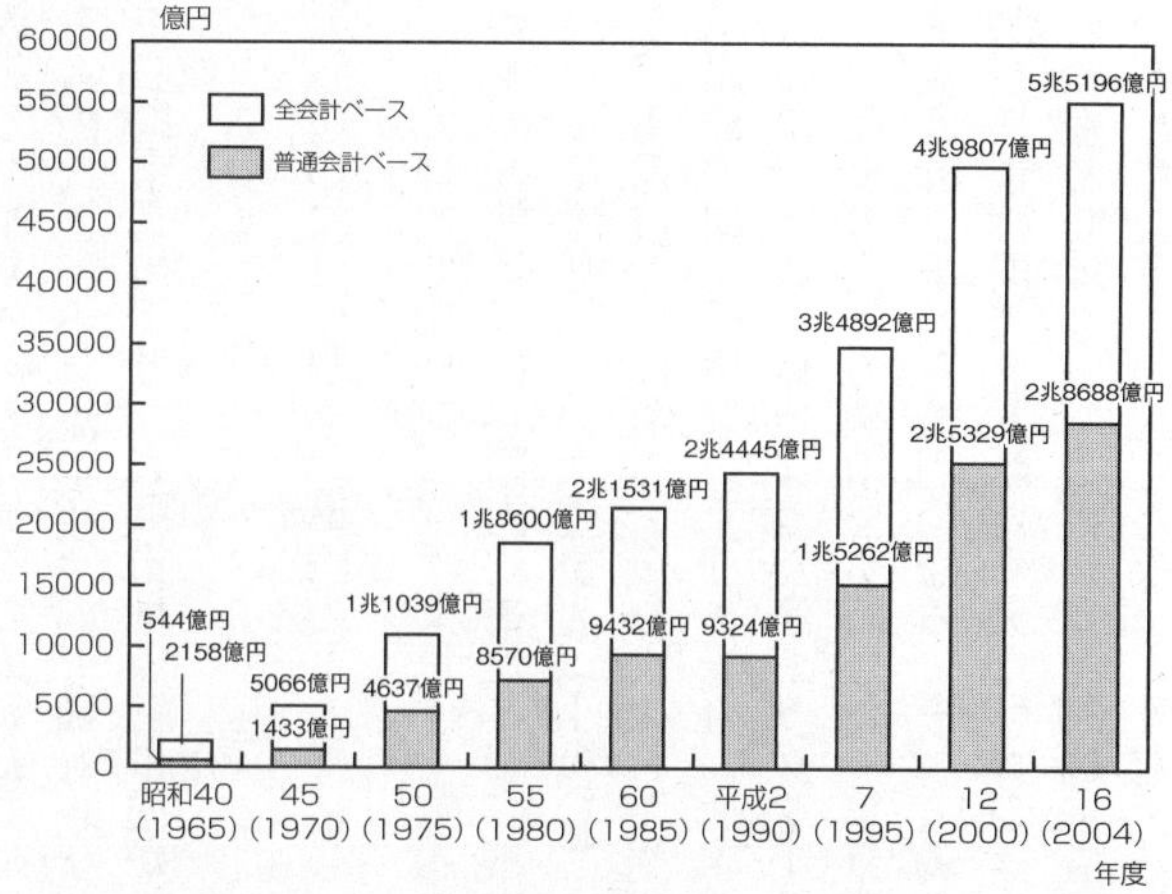

※平成２年度（1990）、および平成16年度（2004）にはNTT無利子貸付金を含む
（「大阪市財政の現状」　大阪市財政局・2004年４月）

し付けるものだ。

この開発の中核施設である三十八階建て超高層ビルの開発を受注したのは、オリックス・阪急連合だ。村上ファンドに東京地検の強制捜査が入る直前の五月三十一日のことである。村上ファンドの阪神株買占めの狙いは、梅田北ヤードに隣接する西梅田の阪神所有の優良土地やビルだったといわれていた。阪急は、その阪神株を買い取り、傘下に収めた。村上ファンドのスポンサーで、黒幕といわれているのが、オリックスの宮内義彦会長だ。

短期間に弱肉強食の格差社会

を生み出した小泉内閣の方針を強力に推し進めた規制改革・民間開放推進会議議長でもある宮内氏と、小泉流手法で弱者切り捨て、「官」から「民」への「改革」路線を突っ走る關市長の下で、大阪市は破綻に向かっていっそう足を速めたようにも見える。

大阪五輪招致費に四十八億円

ところで日本でオリンピック（以下、五輪）招致問題がニュースになっている。二〇一六年の五輪招致に、国内候補地として東京と福岡が名乗り出たからだ。八月三十日には、日本オリンピック委員会（ＪＯＣ）の選定委員会で国内候補地が東京と決定したが、両都市とも巨額の公金を投入した挙げ句、これまた莫大な負債を抱えて破綻した湾岸部の開発計画（東京都の場合、七年間で現金や土地など二兆五千億円を投入したものの、開発主体となった第三セクター五社が相次いで破綻。うち、〇六年五月十二日、民事再生法の適用を申請した「東京臨海副都心」など第三セクター三社だけで負債額は計三千八百億円になる）を、五輪招致を名目にして継続するとともに、高速道路や都市再開発など新たな大型プロジェクト推進のテコにするのが真の目的であることに変わりはない。この東京と福岡の五輪招致の発想と目的は、〇八年の五輪招致に失敗した大阪市の場合とそっくりだ。そこで、バブル崩壊で破綻した大阪湾岸開発の起死回生策として打ち上げられた、大阪五輪の招致運動の経過と結末について、あらためて検証したい。

「大阪五輪は、落ちても地獄、当選してもまた地獄。目的は、バブル時代に立案したベイエリア（大阪湾臨海地域開発）計画の一環である総額二兆二千億円の『テクノポート大阪』の推進。大阪五輪はすでに破綻していた『テクノポート大阪』を継続するための錦の御旗にすぎない。莫大な資金が動いて、儲けるのはゼネコンと銀行で、そのおこぼれに与かるのが役人と政治家。市民には巨大な借金がのしかかり、平成の寓虚の遺跡になるだけ」

〇八年夏季五輪開催を決定する国際オリンピック委員会（ＩＯＣ）モスクワ総会（〇一年七月）で、大阪市は第一次選考で五都市に絞られた候補地の第一回投票で、わずか六票しか取れず、最下位で落選するという惨敗を喫した。周知のとおり、同年の開催地は北京となったが、市民グループ「大阪オリンピックいらない連」（約二百人。一九九七年十月発足し、大阪五輪招致失敗にともない解散。以下、「いらない連」）の代表だった小西和人氏（現大阪湾会議代表幹事）は、早くからこう発言し、一貫して大阪五輪招致活動に疑問を投げかけてきた一人だ。

モスクワ総会で「夢」と散ってしまった大阪五輪は、小西氏の指摘したとおり、まさに「平成の大寓虚」になった。

その一つが巨額の公金を費やした招致活動だ。

さきの小西氏は大阪五輪の招致活動について、こう振り返る。

「落選が決まったモスクワ総会の時点で、招致活動に費やした費用は、招致運動を本格化させた九四年以来、八年間でなんと四十八億円。実際は、食糧費などにもぐりこませるなどもっと多いと思いますが、四十八億円もの市民の税金がドブに捨てられたというわけです。なんで、こんな無駄遣いをしたかというと、大阪五輪は、招致費用の明細を全部焼却しなければならないほどカネまみれだった九八年二月の長野・冬季五輪をモデルにしたものだったからです。というのも、早くから〇八年五輪の最有力候補地とされていた北京は、二度目の立候補で、しかも、二〇〇〇年五輪でシドニーに負けたときはわずか二票差という僅差でした。その北京に対抗して優位に立とうとすれば、初めての立候補にもかかわらず、大方の予想を裏切って開催地の座を獲得した長野ばりにカネを使うしかなかったんです」

その小西氏が筆者に長野型のカネまみれ招致活動の一例として挙げていたのが、当時の大阪五輪招致委員会発起人の一人で、IOC理事でもあった猪谷千春氏（現IOC副会長）の発言だ。猪谷氏は、カネまみれ長野五輪招致の際、報酬をもらって集票活動したとされるスイスの広告代理店「スタジオ6」を同五輪招致委に紹介したことで一躍有名になった前歴の持ち主だ。

猪谷氏の問題発言があったのは、大阪市が横浜市を破って〇八年夏季五輪の国内候補地に決まった九八年暮れの十二月十日、大阪市内で開かれた討論会「二〇〇八年大阪五輪に挑む」。ここで猪谷氏は、一時間にわたって基調講演を行なった。参加した小西氏によると、猪谷氏は、開口一番、「まともな手段では北京が勝ちます。大阪は負けます。だから、これから私の言うことをよく聞いてほしい」と切り出し、ご丁寧にも、次のような指南をしたという。

「普通、一国一人のIOC委員が（開催地を決める際に）どこに投票するか相談するのは奥さんだけ。だから、奥さんだけのスペシャルプランをつくりなさい。飛行機で関西空港にやってきたら、タラップにリムジンを横付けさせて、外国の元首並みにフリーパスでやらないとダメ。通常通り税関を通したら委員は逃げます。これは日本では難しいので、いまから運輸省（現国土交通省）と交渉しなさい」

さらに、こうも助言したという。

「どこかのIOC委員が一人でも二人でも来るとなったら、すぐに私のところに連絡しなさい。せっかく外国に来たときに日本のIOC理事が顔を出していないと、日本の理事がそんな不熱心なら日本もたいしたことはないと思われますから」（「月刊現代」一九九九年六月号）

小西代表は、このときの猪谷理事の発言を振り返って、いまでも、こう言ってあきれかえる。

「一時間の講演すべてどうやって五輪を招致するか、ウラの手口の話でした。自分たちだけの打ち合わせで話すようなことを五百人いる公衆の面前で臆面もなくしゃべるんですから、IOCというのは、根っから腐っているんだと実感しました」

過剰活動にIOCから警告

いま聞いても小西代表ならずとも口あんぐりのエピソードだが、じつは、大阪市は当時、この猪谷発言をもとに、大阪五輪の「招致必勝マニュアル」をつくっていたことが発覚している。

それは、猪谷発言から二カ月後の九九年二月、大阪五輪招致委員会の設立総会と前後して在阪マスコミが一斉に報道したもので、大阪市は〇八年の五輪開催地が決まる〇一年夏のIOCモスクワ総会までにかかる費用を四十五億円と算定。そのうちのじつに十九億円をIOC委員らへの接待費や集票活動に充てる予定だった。

その十九億円の内訳はというと、こんな具合だった。たとえば、IOC委員の視察は総勢百十六人（当時）の委員すべてが夫婦で来阪することを想定。一組当たりの費用は、滞在三日間で「渡航費用二百万円」「ホテル代九十万円」「接待費八十万円」の計三百七十万円と破格の厚遇で、総額なんと四億二千九百万円にもなる。また、長野五輪でもカネまみれの集票活動を行なったとして批判を浴びたコンサルタント契約についても、六人との契約を想定し、〇一年のIOCモスクワ総会までに一人あたり年三千万円の契約費を想定、さらに同コンサルタントの現地活動費として一億八千万円を加えて、計五億四千万円を計上していた。

さらに、海外でのロビー活動費として、二〇〇〇年のシドニー五輪や各国が集まる国際スポーツ連盟連合（GAISF）などに、三人一組の「招致チーム」を計八十四回派遣する費用として四億二千万円、シドニー五輪やIOCモスクワ総会などに代表団を派遣する費用として、二億八千万円を盛り込んでいた。

当時、大阪市の関係者はこの招致費用について、筆者に、こう漏らしていた。

「長野がIOC要員一人を呼ぶのにいくらかかったかをもとにしてはじき出したもの。呼ぶ人数が減れば、その分だけ予算も減る」

事実、大阪市オリンピック招致局の担当者は、四十五億円の招致費について、「あくまで招致委の設立前に想定したケースの一つ」と弁明しながらも、事実上マスコミ報道をこう認めていた。

「たとえば、五億数千万円と見込んでいるとされているコンサルタントとの契約は、会社ではなく、『大阪の顔』といった人との契約ですわ。たとえば、長野五輪の吉田さんと同じように、（ＩＯＣと招致委との）間に立ってもらえる人という考え方です。六人という数字は、五大陸プラス一ということです」

大阪市オリンピック招致局の担当者の口から出た「長野五輪の吉田さん」とは、ミスター長野と呼ばれ、長野五輪接待疑惑のキーマンといわれた吉田総一郎氏のことである。長野市内でガソリンスタンドを経営していた吉田氏は、海外経験が豊富なことを買われて招致委入り。長野五輪招致委事務総長代行として、ＩＯＣ委員との交渉役を務め、訪問国は七十ヵ国に及び、集票工作に使ったカネは約二億円といわれた。

その吉田氏の名前が大阪市オリンピック招致局の担当者の口から、飛び出したので、筆者は正直驚いて、こう重ねて質《ただ》した。

「大阪市が考えているコンサルタントには、吉田氏のような役割を期待していたのか？」

すると、担当者は、悪びれた様子もなくこう答えた。

「そういう想定をしていたかもしれませんね」

大阪市の五輪招致活動は、猪谷氏が助言したように、まぎれもなく長野型が手本だったのである。カネまみれと批判された長野五輪の招致費が二十億円だったことを考えれば、冬季、夏季の違いはあるとしても、その倍にあたる四十五億円をメドにしていた大阪市のカネ遣いの荒さがいっそう際立っていたということになる。

実際、大阪市の過剰な招致活動がＩＯＣの警告を受けたことがある。

長野五輪の前年、九七年暮れに、同五輪期間中（九八年二月七日〜二十二日）のＰＲ費用として大阪市が六千五百万円を補正予算として計上していることがＩＯＣの知るところとなり、「二〇〇六年の冬季五輪開催地も決まっていないのに、二〇〇八年の立候補地が派手な活動をするのは好ましくない」と、日本オリンピック委員会（ＪＯＣ）を通じて警告してきたのだ。

大阪市の計画では、大手広告代理店・電通などに委託して借り上げた長野市所有の民家を「ＯＳＡＫＡハウス」として使い、ＩＯＣ委員や世界各国の報道関係者らに大阪五輪をＰＲする予定だった。ＩＯＣの警告にあわてた大阪市は、名称を「ＫＡＮＳＡＩウェルカムハウス」と変更して開設する、という滑稽きわまりない話になった。

当時、市の関係者は筆者にこう漏らしていたものだ。

「文楽人形や大阪五輪の紋が入った婚礼衣装を着た男女のマネキン人形を飾り、その前で茶を振る舞うなど日本情緒を演出していましたが、開会から一週間で、通訳など案内人はだれもいなくなりました。カネをかけた大阪市の紹介パンフレットもたくさんあまりましたよ」

大阪五輪招致委がスタートした九九年二月当時、世間では九八年の長野冬季五輪、そして、二〇〇〇年のソルトレーク冬季五輪の招致活動をめぐるＩＯＣ不正疑惑が噴出し、五輪開催そのものに根本的な疑問が世界中から投げかけられた時期だった。このため、発足したばかりの大阪五輪招致委は、「大阪五輪招致委は、招致活動にあたり、オリンピック憲章及び国際五輪委（ＩＯＣ）が定めるルールに従って招致活動をおこなう」と、「海外招致活動に関する確認事項」を発表するなど、クリーン宣言をせざるを得なかったほどだ。

が、しかし、これは表向きのことだった。

というのも、当事者である当時の磯村隆文大阪市長が、長野五輪が行なわれた年の十一月、「料亭での五輪接待費を市長室の食糧費にも紛れ込ませている」と、不明朗な招致活動を追及してきた大阪の市民グループ「見張り番」メンバーと面談した際、こんなことを漏らしていたのだ。

「長野オリンピック以降、非常に厳しい綱領ができて、開催地決定まではＩＯＣに対するおおっぴらな招致活動はできなくなった。水面下でいかに上手にＰＲするか。そのため、世界競技大会への参加目的で海外出張して、人脈をつけている。従って、オリンピック招致のための支出や情報をいまだに公開できない状況だ」

磯村市長が「水面下」の招致活動と語った、市長や市議会議長らの五輪関連の海外出張は、「見張り番」が情報公開制度で入手した分（九七年四月〜九八年九月）だけでも、すでに計十回、約千九百五十万円も費やされていた。

この中には含まれていないが、毎年一回、各国の国際競技連盟（ＩＦ）の代表約三百人が集う世界最大のスポーツ会議「ＧＡＩＳＦ」のモンテカルロ総会（九八年秋）には、ＩＯＣ委員数十人が含まれていることから、「大阪のことを紹介できる絶好のチャンス」（市招致局）と代表団五人を派遣。二千八百万円の経費をかけ、ホテルのプールサイドに玉砂利や灯籠《とうろう》を持ち込んで、日本庭園を再現。地元のすし職人に握らせたすしなどを振る舞う立食パーティーを催し、ＰＲ。

九九年十月、同総会は大阪市で開かれたが、当初、市招致局は「奈良・京都観光を奥さんだけのツアーでやりたい。夫婦とも参加者全員の食事、宿泊費あわせて四千三百万円を含めた一億九千七百万円の予算を充てることにしている」と語っていたが、長野冬季五輪でのＩＯＣ委員への過剰接待が明るみに出たことから、奈良・京都観光ツアーは中止し、大阪市内観光に切り替えたケースもある。

大阪五輪招致委の発足にともない「五大陸の招致のプロ」とのコンサルタント契約を結ぶことにしたが、これとは別に大阪市は、早くから五輪招致のためのプロを顧問や参与として雇っていた。この報酬がまた高額だった。

五輪を食いものにする人々

大阪市オリンピック招致局の顧問になっていたのは、東京で日本スポーツ施設研究所という事務所を持つ安田誠克氏で、就任は九五年五月。安田氏は、当時、アジア陸上競技協会名誉顧問の肩書きを持ち、市招致局は、筆者に「ユニバーシアード神戸大会など国際競技大会の招致に実績を持ち、IOCのサマランチ会長（当時）とも懇意で、招致活動の国際戦略についてアドバイスを受けてきた」と説明。もう一人、参与になっていたのは、元日本体育協会総務課長で、九四年の広島アジア競技大会組織委員会東京事務所所長だった小林晃氏。九五年十月に就任し、「JOCに提出した開催概要計画書作成に際し、安田氏とともにアドバイスを受けた。陸上界に人脈を持ち、JOCと国内各種競技団体との連絡調整役や情報収集といったことをしてもらっている」というのが、当時の市の招致局の説明だった。

両氏への報酬について、市招致局は「個人所得にかかわるので言えない」と公表を拒否したが、情報公開制度で入手した資料などから金額が判明し、市も認めた。それによると、二人の合計報酬額は、九五年度には五百二十三万円だったものが、九八年度には千四百四十六万円へと三倍近くに膨れ上がっていた。

当時のIOC・サマランチ会長が、IOCスキャンダルの発端になった〇二年冬季五輪の米ソルトレーク招致委から、計千ドル（約十一万円）相当のショットガンとライフルを、九八年冬季五輪の長野招致委から百万円相当の日本刀のほか、日本人形や着物、美人画を贈られていたことがわかっているが、大阪市の磯村市長（当時）もまた、同会長などIOCの実力者三人に「儀礼の範囲内」（市招致局）で贈り物をしていた。

サマランチIOC会長

九六年五月　七宝焼ワイングラス（一万五千円程度）スイス・ローザンヌIOC本部

九八年二月　いちょうのタイピン・ペンダント（五千円程度）長野オリンピック

九八年五月　七宝焼卓上時計（二万円程度）関西国際空港

九八年七月　記念切手（一万三千円程度）オリンピックミュージアム

ジャック・ロゲIOC理事（ベルギー、現IOC会長）

九六年七月　七宝焼飾小皿（三千円程度）アトランタオリンピック（その際ロゲ理事と会食し、市の五輪招致担当職員らの分と合わせ飲食費九人分四万八千円支出）

金雲竜《キムウンヨン》IOC理事（韓国オリンピック委員会会長）

九八年九月　焼酎（三千円程度）　ソウルオリンピック十周年記念式典

このうち、金雲竜氏はIOC副会長などを歴任し、サマランチ会長の右腕といわれた人物。〇一年のサマランチ会長の後継会長選挙に立候補するなどIOCの実力者として知られていたが、その一方で絶えず疑惑が取り沙汰されていた。

たとえば、ソルトレークでは、金氏の息子がウェルチ同五輪組織委元会長の関係する通信社に就職し、同招致委が給与約四万五千ドルを肩代わりしたとして、IOC調査特別委員会から「最厳重警告」処分を受けた。さらに、長野五輪接待疑惑でも、JOCの「IOC問題プロジェクト」報告で、理由もなく複数回長野を訪問するなどIOCの招致ガイドラインを超える規定違反行為をしたIOC委員の一人として報告されるなど札付きの、いわゆるオリンピックファミリーだった。そして、〇四年一月、自らが総裁を務める世界テコンドー連盟などに企業が寄付した四十億ウォン（約四億円）を横領、韓国国民体育振興基金支援金など五十万ドル（約五千四百万円）を北朝鮮側に渡したとして、外国為替取引法違反容疑で韓国検察当局に逮捕され、失脚した。

この金氏と大阪五輪をめぐっては、どす黒い話もある。あの関西地下経済界の帝王といわれ、戦後最大の経済事件・イトマン事件を起こした許永中被告との親密な関係である。許被告は日頃からIOC副会長だった金氏と「昵懇《じっこん》の間柄」と周囲に吹聴し、大阪市北区の自宅にＪＯＣ委員だった田中英寿・日大相撲部監督を招待して大阪五輪招致に尽力することを誓ったほどだった。そして、大阪五輪招致のための社交クラブ「大阪アメリカンクラブ」を大阪市北区の大阪アメニティパーク（ＯＡＰ）ビル内に設立、石油卸業「石橋産業」の石橋浩社長（当時）を会長に据え、ひと儲けを企んだこともある。

その許被告の自宅のそばに、不動明王を祭った小さいが豪華な神社がある。別名「許永中神社」とも呼ばれているが、建立されたのは、大阪市が五輪招致に本格的に取り組み出したころの九六年十二月。寄進された石灯籠の一つに、許ゆかりの田中森一弁護士や京都のフィクサー・山段芳春《さんだんよしはる》（故人）氏などとともに、金雲竜氏の名前が刻まれている。

「金の卵を産む鶏や」

当時、一兆円を超えるといわれた巨額プロジェクト大阪五輪をめぐって、大阪選出の自民党国会議員がテレビの番組でこう言い放ったことは有名だが、政治家もまた、そのおこぼれにあずかろうと蠢《うごめ》いた。九八年六月、「自由民主党二〇〇八年オリンピック日本招致推進議員連盟」（会長・中山太郎元外相、約百四十人）が旗揚げされ、この年の暮れには、中山会長（当時）の実弟である中山正暉代議士（当時）が、磯村市長や新宮康男住友金属工業名誉会長（いずれも当時）らを発起人に、二万円パーティーを開催。その名目は「二〇〇八年オリンピック開催を期して中山正暉君を励ます会」というもので、あきらかに大阪五輪招致にかこつけたカネ集めだった。

「五輪会場」はダイオキシン汚染

市招致局のメンバーみずから、招致費をめぐって不正経理をしていたことも発覚している。

二〇〇〇年九～十月にかけて行なわれたシドニー五輪視察で、大阪市は磯村市長や關助役（当時）、市職員など十九人を派遣した。ところが、市民グループ「見張り番」が情報公開で入手した市の文書から、宿泊費は一人一泊十一万六千円、現地で借り上げたレンタカー代六百万円、通訳料三百万円、携帯電話代四十万円、消耗品代三十万円など約三千二百万円も使い、しかも、領収書が添付されていないなど不正経理疑惑が判明した。これを一部マスコミが追いかけ、うち、格安航空券を利用しながら正規の運賃を支払ったかのように装い、約百七十万円分を水増し請求していたことをスクープ報道した。

航空運賃の水増し請求発覚を受け、市当局はあわてて記者会見。「招致局職員など九人が水増し請求し、百四十二万円を浮かせた」と、その事実は認めながらも、「浮かせた金は、シドニーでのタクシー代やダフ屋から入場チケットを買うために使った」として、不正はなかったと釈明。そう言いながら、関係職員から百四十二万円を返還させるとともに、当時の山田昇・招致局長ら二十九人を「不適切な事務処理があった」として懲戒処分した。

ここで、市側が「不適切な事務処理」と認めた中身は、「招致局の課長代理が、約十カ月間、最大で約千三百四十万円の預かり金を出納記録もつけず、同局の金庫に保管していた」という、でたらめなものだった。

この不正経理疑惑は、訴訟に持ち込まれ、〇六年三月、大阪地裁は「支出は合法」と、住民側の返還請求を棄却する判決を下したが、訴訟のなかで、視察報告は口頭で行ない、報告書も作成していなかったことや、被告となった市幹部の一人が、宿泊料金について、「一室五万八千円」と、陳述。また、旅行会社側が「十一万六千円の部屋はない」と述べるなど、市側の「一室十一万六千円」を覆す証言が飛び出し、最後まで不正経理疑惑はぬぐえなかった。

シドニー五輪開催前の二〇〇〇年五月、公表されたＩＯＣの評価調査書で大阪市は、立候補していた北京、パリ、トロントなどに大きく水をあけられ絶望視されていた。にもかかわらず、視察団を派遣するなど、事実上の駆け込み「観戦旅行」に、約三千二百万円もの公金が湯水のごとく使われたのだ。

五輪招致をめぐる不正は、市民も巻き込んだ。大阪五輪招致をめぐっては、私設の「応援団」がつくられたが、実体は、地域振興会（町内会）などによる官主導の応援団だった。その一つとして、「一商店街一国運動」を提唱し、その国ゆかりのイベントを開催した場合、年間三百万円を上限に補助金を出していたが、〇五年七月には、大阪駅前ビル振興連合会と大阪駅前第二ビル振興会関係者らが、補助金を自分たちの飲み食いに使うなど計百二十三万円の不正が発覚し、返還を求められた。

まさに、大阪五輪は、表も裏もカネまみれ五輪だったということになるが、汚染されていたのは招致活動だけではない。メイン会場となる五輪スタジアムの予定地が猛毒のダイオキシンに汚染されていたのだ。

ダイオキシン騒動のきっかけは、九八年五月の一部マスコミ報道。大阪市がＪＯＣに提出した五輪開催概要計画書によると、開会式や陸上競技が行なわれるメインスタジアム（十万人収容）と屋内プール（一万五千人収容）は、大阪湾に浮かぶ人工島・舞洲（約二百二十五ヘクタール）に、選手村（定員一万六千人、四千百戸）は、隣接の夢洲（約三百九十ヘクタール、現在も埋め立て中）に建設されることになっていた。

もともと、この二つの人工島は、ゴミで埋め立てられた島だったが、メインスタジアムと屋内プール、そして選手村の敷地の一部は、大阪市内の焼却場から出たダイオキシンを含む一般廃棄物の焼却灰などで埋め立てられたところだった。施設建設のため掘削すれば、焼却灰が飛散し、大気中にダイオキシンがばら撒かれる恐れがあるというのだ。

大阪五輪のキャッチフレーズは「環境五輪」で、開催概要計画書では、「舞洲、夢洲。人と自然にやさしい緑の島」「環境との調和をめざす都市大阪の象徴」と謳っていた。

それがなぜ、いまごろダイオキシン島なのか。大阪市は知らなかったとでも言うのか。

じつは、舞洲と埋め立てがすすむ夢洲のダイオキシンの問題は、発覚から一年以上前の九七年三月、大阪市議会民生保健委員会で、詳細にデータ付きで、取り上げられていたのだ。

質問したのは、共産党の瀬戸一正議員。それによると、ダイオキシンはごみ焼却灰、それも飛灰に多く含まれるが、大阪市の調査では、市の十カ所のごみ焼却場から出る焼却灰は、年間五十万千七百十七トン（九五年度）。また、飛灰中のダイオキシン濃度は、十カ所のごみ焼却場平均で一グラム当たり八・九三五ナノグラム（一ナノグラムは十億分の一グラム）となっている。これから推計すると十カ所のごみ焼却場から出る年間のダイオキシン量は二百三十二グラム。

この十カ所のごみ焼却場から舞洲に持ち込まれ、埋められた焼却灰は二百八十九万五千トン（七三～八七年）で、さきの飛灰と同じ濃度のダイオキシンが含まれていたとすると、千三百三十九グラムのダイオキシンがメインスタジアムや室内プールの建設予定地に埋まっている計算になる。また、選手村が計画されていた夢洲には、九五年末までに三百九十六万六千トンの焼却灰を埋めたことになっており、同じ計算でいくと、千八百三十五グラムのダイオキシンが埋まっていることになる。五輪の主会場となる舞洲、夢洲を合計すれば、なんと三・一七四キロものダイオキシンが埋まっている計算になるのだ。この大阪市が提出した資料にもとづき、舞洲、夢洲に埋まったダイオキシン量を推計した瀬戸議員は、当時、筆者にこう説明していた。

「ごみ焼却場から出るダイオキシンは、国の指導で減るようになりましたが、九〇年当時は、最近の七倍近い濃度のダイオキシンが出ていました。これから推計すると、舞洲、夢洲には二十キログラムを超えるダイオキシンが埋まっているということになります」

九六年十二月、環境庁（現環境省）は健康を害さない指針値として体重一キログラムあたり一日五ピコグラム（一ピコグラムは、一兆分の一グラム）と数値を出したが、二十キロとは、ほとんど天文学的数字ということになる。ベトナム戦争で米軍が一年間にばら撒いた枯葉剤中のダイオキシン十数キロを上回るダイオキシンが埋まっていたというわけだから、「環境と調和した五輪」などとは、言っておられなくなる。

この時、同議員の質問に市環境事業局は、「過去に埋められたもので、データがないなど不確定要素が多く、量は推測できない」などと言い逃れしていた。

さらに同議員は、ダイオキシンが埋まっている工区の護岸には浸水を防ぐ止水矢板がなく、しかも護岸の下は厚さ十二メートルの砂地になっていることを指摘し、「ダイオキシンが大阪湾の海中にしみ出ている疑いがある」とも質している。

瀬戸議員の重大な質問があったにもかかわらず、大阪市は約一カ月後の四月二十三日、ダイオキシンが埋まっている場所にメインスタジアムと室内プール、さらに選手村を建設する開催概要計画書を作成し、ＪＯＣに提出。そして、同年八月十三日、〇八年の五輪国内候補地は大阪市と決まった。

大阪市が国内候補地と決まった直後の市議会で、瀬戸議員は再び、「メインスタジアムがダイオキシンの埋立地にかかっている」と追及したが、市側は「問題ない。大丈夫」と答えていた。

それが、一年後になってダイオキシン問題が吹き出したというわけである。

発覚後に開かれた大阪市議会のオリンピック招致実行委員会で、ダイオキシン問題を追及された山田昇オリンピック招致局長（当時）は、「どういうものが埋められていたかは重々承知していた。（施設が）かかっていることも気づいていた」と、平然と答弁。結局、磯村市長（当時）が「そこを避けた場所で計画をすすめたい」と、メインスタジアムと室内プールの場所を当初の想定図の場所から移動することを明らかにした。

ダイオキシン問題について、当時、筆者の取材に対して、市招致局はこう言って開き直った。

「絵（想定図）はあの時点でこういうふうに建てていこうということで描いたもので、そのままということではない。スタジアムなどの規模はこれから考えていく」

PCB汚染も発覚!!

さらに五輪選手村が建設される埋め立て中の夢洲の一角四・四ヘクタールに、九八年二月から四カ年計画でこれまた猛毒のPCB（ポリ塩化ビフェニール）を含む汚染土四十五万立方メートルを運び込み、すでに約二十万立方メートルが埋め立てられていることが、翌九九年春に新たに発覚した。しかも、「実験の結果、シートをしなくともPCBは漏れないことがわかった」（大阪市港湾局）と、汚染土の埋め立てにあたっての運輸省（現国土交通省）の許可条件だった底部の汚染防止シートを敷かないまま、埋め立てていたことがわかった。

このPCB問題で筆者の取材に、当時の同港湾局は、「運輸省に、シートを敷かないで埋め立てをやるとの変更届をしなかっただけの手続きミス」と、これまた「手続き」問題にすり換えて開き直り。「選手村は夢洲の中心部。汚染土の埋め立ては、端のコンテナ埠頭にあたるところで、オリンピックとは関係ないと考えていた」と、「環境五輪」など、どこ吹く風の態度だった。

「史上初の海上オリンピック」と命名された大阪五輪だが、ダイオキシン問題、ついでPCB問題が発覚する前から、生ごみが大量に埋められていたところで、メタンガスの発生や地盤沈下が指摘されていた。しかもオリンピックスタジアムが予定されていた舞洲の場所は、もともとはゴルフ場が計画されていたところだった。

その際、環境アセスメントを実施し、結果は「建設はOK」だったが、市環境影響評価専門委員会の報告書には、ゴルフ場予定地には「一般廃棄物によって埋め立てられたため、処分した廃棄物からメタンガスの発生や地盤沈下が認められる」とハッキリ明記されていた。なによりも、港湾局自身が「大規模な建築物や多数の市民が自由に利用する施設をつくることは安全対策上問題が生じる。そこで、ガスの発生や地盤沈下が続く期間約十五年間については、利用者の安全管理が十分可能で、また景観面から大きな芝生や樹木の緑で覆うことができるゴルフコースとして暫定的に利用する」(「同専門委員会報告書」)ために、ゴルフ場を計画したものだった。

ダイオキシン問題が発覚する前の九七年秋、筆者は、五輪会場候補予定地の舞洲を訪れたが、ビニールや建設廃材などが剥き出しで、まだ造成途中だった。そして、ゴルフ場から一転してメインスタジアムになったところは、高さ三センチ、直径十数センチの銀色のパイプが林立していた。発生する大量のメタンガスの噴出口だった。

当時、港湾局の担当者は、筆者にこう答えていた。

「沈下の速度が速いため、かなりの沈み込みが予想されます。ある程度年数がたてば落ち着いてはくるが、それまでは暫定利用ということで、いまはJリーグの練習場とかミニサーキット場にしている。建物は杭を打ち込めば大丈夫だと思うが、まわりの土地は沈下してデコボコになってしまう」

この時点ですでに地盤沈下は避けられない運命にあったのだが、当時、この問題を市オリンピック招致推進部（当時、のちに招致局）に問い質《ただ》したところ、こんなノー天気な答えが返ってきた。

「オリンピックスタジアムをつくる際は、もちろんアセスメントを行ないます。その結果を見ないと何ともいえません。メタンガスのことについては、まったく承知しておりません」

「海上に浮かぶオリンピック」どころか「ゴミに浮かぶオリンピック」になることは、初めからわかっていたのに、大阪市はそれを市民に隠して、立候補したのだった。

〇八年夏季五輪の開催地を決めるために、ＩＯＣ評価委員会のメンバーが〇一年二月、大阪の現地を視察した。その際、「いらない連」の小西代表らは、評価委員長のフェルブルッゲン氏との会見に成功した。その時のエピソードを小西氏は、こう明かす。

「メンバーが泊まっていたホテルの部屋に、大阪五輪の問題点を指摘、ぜひ、『いらない連』と会ってほしい、と連絡先を記載した英文のメッセージを入れました。無理だろうと思っていたのですが、急遽、フェルブルッゲン氏から会いたいと電話がかかってきました。およそ十五分ほど会見し、大阪五輪は世論の支持が少ないこと、ダイオキシン問題など環境問題があること、そして、大阪市は五兆円の借金を抱えるなど財務ランクが五段階中四番目の『d』であることを説明すると、氏は非常に驚き、もう一度聞き返したほどです。同年五月に評価委員会の評価が出されましたが、私たち『いらない連』の主張そのまま、大阪市は立候補の都市のなかで最も低い評価で、結果は絶望的でした」

ＩＯＣモスクワ総会で大阪市は落ちるべくして落ちた、そして惨敗になるというのは、もはやあきらかだったのである。

平成の寓虚、開かずの大橋

さて、招致活動、環境問題と大阪五輪の経過を述べてきたが、五輪を開催するためには果たしていくらかかるのかも検証しておこう。

当時、大阪市はＩＯＣに財政計画を提出したが、その内容について、市招致局は筆者にこう説明していた。

「大阪五輪は、簡素で無理のない大会をめざします。五輪運営費は千六百九十五億円で、収入のほとんどはテレビ放映権や企業協賛金、チケット収入で賄われる。市の持ち出しは開催都市負担金の六十億円だけ。五輪運営費とは別にオリンピックスタジアムに六百億円、室内プールに二百億円かかります。他に必要なのは、オリンピックと関係なく計画されている人工島の舞洲の住宅開発として選手村を前倒しして建設するとか、会場へのアクセス手段として地下鉄建設（テクノポート線）を前倒しするぐらいです。それも、実施が決まってからです」

要するに、開催都市負担金と新規施設建設費の計八百六十億円以外は、いくらかかるか明かせないということだった。

その一方で、大阪市は観客輸送用の地下鉄北港テクノポート線建設について、旧運輸省と水面下で交渉していることが判明、マスコミ報道でその費用は千八百七十億円かかることがわかった。また、選手村建設費に千二百八十億円、さらに、咲洲と夢洲を結ぶ道路（海底トンネル）に九百九十億円、テニスセンター改修と総合武道館新設費用に二百八十七億円の計四千四百二十七億円もの新たな負担がかかることがわかった。つまり、さきの八百六十億円とあわせると、なんと五千三百億円もの費用がかかるというわけである。

この大阪市の五輪関連事業予算について、さきの小西代表は、こう指摘していた。

「九七年に大阪で開催された『なみはや国体』に向けて、大阪市は収容人員一万人の中央体育館に四百八十七億円かけています。五万人収容の長居陸上競技場の大改修には四百一億円もかかっています。それとは比べものにならない十万人収容の日本一大きいオリンピックスタジアムと一万五千人収容のプールが、合わせて八百億円でできるはずはありません。市は新規施設建設費用も地下鉄など関連事業も少なく見積もっています。我々の試算だと一兆三千億円はかかるはずです。長野五輪も、当初は三千三百億円だった予算が最後には五千四百八十億円に膨れ上がったんですよ」

当時、大阪市の借金（市債発行残高）は、約五兆円に達し、市民一人当たり約二百万円にもなっていた。しかも、巨額の投資をしてつくった施設も、五輪後の稼働率が懸念されていた。

たとえば、四百一億円もかけて大改修した長居陸上競技場は、「なみはや国体」があった年の九七年度でさえ、「支出六億五千六百万円に対して、収入は一億七百万円」（市建設局スポーツ施設企画課）という惨憺たるものだった。にもかかわらず、長居陸上競技場とまったく同じオリンピックスタジアムを舞洲に新たにつくるというのだから五輪後の大赤字は目に見えていた。

〇八年の五輪開催地がまだ未決定だった二〇〇〇年十二月、大阪市は、大阪南港咲洲のコスモスクエア駅から、五輪会場となる夢洲、舞洲を経て此花区・桜島までの七・五キロを結ぶフル規格の地下鉄・北港テクノポート線を〇七年までに完成させるとして、二〇〇〇年十二月に着工した。同テクノポート線は、当初〇五年着手となっていたが、五輪開催地の決定前年から始まるIOC評価委員会の事前調査に間に合わせるため、前倒ししたものだった。

これに対して、「いらない連」は、①わずか十七日間の五輪開催を口実に、国の運輸審議会が〇五年着工としていたものを五年も前倒ししても、居住者ゼロの人工島に地下鉄はいらない、②夢洲は、PCB汚染土のそばを通すなど環境対策が不十分、③建設費も駅舎を含めれば三千八百億円と莫大になり、市財政をいっそう破綻させる、として着工前の二〇〇〇年五月、「オリンピック地下鉄線差止訴訟」を大阪地裁に起こした。

大阪地裁の判決は〇三年十一月、住民側の請求を退けたが、この間に大阪五輪招致は失敗し、大阪市は〇一年九月になってようやく、「テクノポート大阪計画」の見直しに着手し、地下鉄の〇七年開業予定を延期したうえ、当面、咲洲－夢洲間二・一キロの海底トンネル部分の工事だけにとどめると、計画の大幅修正を迫られた。

地下鉄線差止訴訟の弁護団を務めた木村達也弁護士は、こう振り返る。

「五輪招致は失敗し、地下鉄建設も大幅に修正せざるを得ないなど、実質的には勝訴です。在住人口ゼロ、夢洲にいたっては、まだ、埋め立て中で工事の人しかいないという段階で、地下鉄建設にゴーサインを出すなど土台無理な話でした。大阪市の中枢にいた人たちは、最初から五輪を大阪で開催できるとは思ってなかったと思います。バブル期の大阪湾岸開発計画であるテクノポート大阪計画がバブル崩壊で行き詰まったため、なんとか継続したいと、その錦の御旗に五輪を使っただけです。当時、磯村市長が事あるごとに口にしていた集客都市大阪づくりはその口実で、人を集めるには施設を作らなければならない、という発想です。当時、銀行が経済効果は五千億円と発表したり、五、六兆円とか吹いたところもありますが、大部分は税金で賄われる公共工事が中心で、受注するゼネコンなどの儲けです。それに対して、財政赤字や増税、交通渋滞や騒音、テロ対策費など不経済効果の方が勝っていました。もし、実際に大阪五輪が実現していたら、開催期間わずか十七日間のために、市民はどれだけの生活上の不便を強いられ、負の遺産を強いられたか計りしれません」

もともと、大阪五輪招致活動の出発点は、九二年一月、自民党市議の質問を受けた当時の西尾正也市長（故人）が、「オリンピックをやれるならそれは私の夢」と発言したことに始まるといわれている。その時の自民党議員の質問は、次のようなものだった。

「国体の開催を機に、世界一級のスポーツ施設を実現し、ぜひともオリンピックを招致されるよう提案します。第一、ロサンゼルス以来、オリンピックを開催すれば儲かるということになっておりますので。二〇〇〇年の二十七回大会招致に迅速に立候補されることを切実に要望します」

オリンピックの高邁な精神などどこにも見当たらず、ただただ、「儲かりまっせ」というむき出しの欲望があるだけだった。

ただ、この自民党議員の欲望も、裏は関西財界の野望から出たものだった。

この西尾市長の「オリンピック」発言の一年前の九一年四月、産・官・学で組織する大阪湾ベイエリア開発推進協議会（会長、宇野収・関西経済連合会会長＝当時）が、二〇二五年を目標とする「大阪湾ベイエリア開発整備のグランドデザイン」を発表した。当時、大阪に本社を持つ資本金百億円以上の大企業がもっていた総資産は二百三十八兆円という天文学的なものだった。あり余った資金のあらたな投資先として「べイエリア」を追求したもので、宇野会長は、「プロジェクトの経済効果は百兆円」と豪語した。このグランドデザインは、大阪湾、瀬戸内海臨海部を総合的に開発・整備するための基本指針となるものだが、シンボルプロジェクトの一つとして「ベイエリア都市連合によるオリンピックの開催招致」が上がっていたのだ。もともと、ごみの島ということからゴルフ場建設が計画されていた舞洲が突然、オリンピックスタジアムのメイン会場になり代わったのは、こうした背景があったからである。

大阪湾の二つの人工島、夢洲と舞洲を結ぶ「夢舞大橋」（全長八百七十八メートル）の「開閉訓練、三度目で成功」とマスコミが報じたのは、〇五年十二月のことである。夢舞大橋は〇一年三月、大阪市が六百三十五億円を投じて建設した世界初の旋回式浮体橋。大型船が通る際、その度、タグボートで引っ張って橋を九十度旋回させて開くという橋で、〇四年には部品の異常で中止、〇五年十月にも油圧装置のトラブルで開かず、「開かずの大橋」と揶揄されていた。なぜ、こんな苦しい設計の橋をつくらなければならなかったのか。

理由は、九七年、大阪市が夢洲の東南沖に新たに三百ヘクタール（その後、二百ヘクタールに縮小、建設費千二百四十億円）の新人工島＝新島を建設することを決めたためだ。新島は、巨大マンモスタンカーのためマイナス十五メートルのバース四基を設置するための埋め立てだった。夢舞大橋は、オリンピックのアクセス手段の一つとして、九七年には早々と百九十億円の予算がついた。ところが、さきの新人工島＝新島が建設されることになったため、この大橋は、大阪港の出入り口を狭く、複雑にするとして港湾関係者から猛反発され、舞洲－夢洲間の水路は、小型船舶用の副航路として使用するということで、大阪市港湾審議会で二年越しの議論の末、決まったというういきさつがあったからだ。

「夢舞大橋」は、それこそ、招致に失敗した大阪五輪が残した「平成の寓虚の遺跡」の象徴的存在になっている。

第八章　隠蔽——重金属汚染都市という悪名

猛毒汚染地帯にUSJ

「あの土地は、とうてい安全とは言えません。まだ、かなりの産業廃棄物が残っているはずです」

数年ぶりに再会することになった大阪近郊在住の元産廃業者A氏（六十）は、筆者にあらためてこう語った。

A氏が危険性を指摘する「あの土地」とは、第四章の「湾岸開発」の項でも触れた大阪市此花区にあるテーマパーク「ユニバーサル・スタジオ・ジャパン」（USJ）のことだ。

〇一年三月開業したUSJは、ハリウッドとフロリダで成功を収めた映画再現型のテーマパークの日本版。甲子園球場のおよそ十四倍に相当する約五十四ヘクタールの敷地に「ジュラシック・パーク」や「ジョーズ」「バック・トゥ・ザ・フューチャー」「E．T．」「スパイダーマン」などハリウッド映画のワンシーンを体験できるアトラクションが立ち並ぶ、巨大アミューズメント施設である。当時の磯村隆文市長のもとで国際集客都市を目指した大阪市が、アメリカ国外への進出をめざしていたユニバーサル・スタジオ社以外に、住サル・スタジオ社と提携。市が二五％出資し、ユニバーサル・スタジオ社以外に、住友金属工業、住友商事、日立造船などが株主になった第三セクター方式の「株式会社ユー・エス・ジェイ」（当初資本金四百億円）が八九年から建設に着手、総事業費約千七百億円をかけて完成させた。

入場者は、開業の〇一年度は千百万人にのぼったが、〇二年度は火薬の不正使用などの不祥事が響いて七百六十三万人に激減。以来、開業当時の一千万人を超えることはなく、〇五年度の入場者は八百三十一万人にとどまった。

さて、JR大阪駅から十分で行ける華やかなテーマパークも、端の方へ行くと、一瞬、ぎょっとしてしまう。視界に工場の灰色の屋根が飛び込んでくるからだ。「なんで、こんなところに工場が？」というわけである。観客に夢を売る施設の隣が灰色の工場群とは、なんともミスマッチの風景だが、理由がある。一帯は、高度経済成長期、日本の重化学工業の集積地として知られる四大工業地帯の一つ、阪神工業地帯を形成した「西六社」と呼ばれる大企業の工場群があるところなのだ。USJの敷地五十四ヘクタールは、住友金属工業関西製造所西工場跡地約三十ヘクタール、日立造船桜島工場跡地約二十ヘクタールなどからなるが、そのうち七・二ヘクタールは、住友金属工業（大阪市）が、戦前から自社の産業廃棄物処分場として使っていた場所で、開業前の九七年には、猛毒のPCBや六価クロムなどを大量に含んだ七十万トンもの産業廃棄物が不法に埋められていたことが発覚した、いわくつきの土地なのだ。

ＵＳＪの基本設計によると、七・二ヘクタールの南半分は「ジュラシック・パーク」再現コーナーのクライマックス、恐竜の森を通った観客のボートが高さ四十メートルの建物から一気に下るところにある。北半分はレストランや駐車場が予定されていた。

産廃問題の発覚で、米国で五十万部の発行部数を誇る有力環境雑誌「Ｅ・マガジン」が「ジュラシック・ダンプ（恐竜のごみ箱）」という皮肉なタイトルで特集記事を組み、大きな反響を呼んだ。世論の批判を受けて、当事者の住友金属工業と産廃処理を指導・監督する立場にある大阪市は、ボーリング調査を行ない、有害物質を検出したが、その後、除去されたとして「安全宣言」を行ない、今日に至っている。いまや、「ＵＳＪの土地は、大阪市の土壌汚染の調査報告の対象地域に入っていませんし、そうした報告書を見たこともありません」（大阪市都市環境局・土壌汚染担当者）という具合で、まるで猛毒物質問題などなかったかのようだ。

住金の産廃不法投棄と隠蔽工作

冒頭の筆者が再会した元産廃業者Ａ氏は、ＵＳＪ開業前に「二十年間にわたってＵＳＪが建設されている土地に、住友金属工業（以下住金）の指示で、六価クロム、Ｐ

CB、ヒ素などを含んだ重金属類やレンガ、油泥、ダスト、石綿など有害物質を含む七十万トンの産業廃棄物を埋めた」と告発した当事者である。A氏がこの事実をマスコミに匿名で告発したのは九七年五月。このとき、筆者は告発者であるA氏に会えなかったが、マスコミ報道を手がかりにして大阪市や住金本社などを取材し、九七年十一月、住金の不法産廃隠しを雑誌で記事にした。

それから三年後、告発者であるA氏に会うことができ、不法産廃隠し問題の全容を知ることになった。筆者は、あらためて月刊誌で告発記事を掲載したが、この時の記事の内容をかいつまんで紹介することで、USJ猛毒問題についてあきらかにしたい。

まず、A氏の経歴から。A氏は、西淀川公害訴訟で有名な大阪市西淀川区に隣接する此花区生まれ。大学卒業と同時に、父親が創業した産業廃棄物処理会社に入社。同社は、西六社の構成企業である住金、住友化学など住友グループ企業約二十社の産業廃棄物処理を請け負い、A氏はUSJの建設現場となった此花区の旧住金関西製造所西工場内の産業廃棄物処分場でも、産業廃棄物の埋設・投棄作業の指揮を行なってきた、いわば生き証人である。A氏は、どんな有害物質を投棄したか年度別の一覧表、そして、油泥、廃液剤、黒鉛などの投棄地点を、物質ごとに二十八種類に色分けして明記した地図や、不法投棄の現場を撮影した数多くの証拠写真を所持していた。

以下、住金がA氏の会社、言い換えれば、A氏に指示した産廃不法投棄隠蔽の履歴である。

たとえば、廃油の処理は、住金の担当者が工場の毎日の作業量から廃棄物を算定して会社に指示する。会社はそれにもとづいて、処分場内に穴を掘り、バキューム車の油ビット内から油泥、清掃油泥、不用油などを吸引。その廃油を、処分場内にユンボ（ショベルカー）で掘り下げた穴に投入する。その際、油漏れを防止する処理などしない。月に四、五回は穴を掘って埋設していた。もっとも量が多かった時は、一カ月にバキューム車百数十台分の廃油を埋めたこともあった。

もともと住金の自社処分場は、八八年の法改正まで、管理型処分場で、廃棄物のなかでも、液状のものを投棄・埋設することは認められていない。油泥の投棄は当然、違法行為に当たるので、隠蔽工作は日常的に行なわれていた。

大阪市による廃棄物処分場への立ち入り調査は年二回だったが、抜き打ちではなく、二、三日前には必ず市から日程の通告があった。それを受けて、住金側がA氏の会社に、こう指示していた。

「廃油の埋設している穴を見つけられないよう、埋め戻しをきちんとしておくように」

それでA氏は作業員を指揮し、穴の周囲にきれいな砂や鉱さいの灰などをのせ、油や煤塵が市の検査員の目に触れないようにしていた。検査員が埋設穴に近づけないようにと、ショベルカーやブルドーザーでバリケードを築き、立ち入り近視の看板を立てたこともある。

もっとも、市の立ち入り調査自体、決して厳格なものではなかった。通常、住金の工場本館で工場長らが面談すれば終わりで、廃棄現場への巡回は少なかった。

こんなこともあった。八三年、大阪市の主催で大阪帆船祭りが行なわれた。そのとき、住金は大阪市から工場敷地内の土地を駐車場用地として提供するよう求められた。その場所は、法律で許可された産廃処分場の範囲からはずれていたが、汚泥、廃油ドラム缶約六十本、油入りの煤塵の混入した土砂などの投棄・埋設を繰り返していた場所だったため、現場は油が地表に染み出ており、真っ黒な汚泥でドロドロの状態だった。現場を見た住金の担当課長は顔色を変えて、こう指示した。

「市に見つかったら大変なことになる。至急土砂を敷くなり、コンクリートを敷くなりしてわからないようにせよ」

A氏は指示どおり作業したが、汚泥隠しは成功せず、二日後に見ると、駐車場予定地の周囲二十メートル四方の土地はぶよぶよで、とても駐車場として使うことは無理だった。それで、「鉱滓を注ぎ込んで固めます」と報告し、課長から、「早く固めて駐車場を作れ」と指示が出た。

八五年、住金の廃棄物処理の担当課が替わり、以前にも増して大阪市の立ち入り調査への警戒が厳重になった。担当者から、「レンガを見つけられたら、大変なことになる。レンガには素手で触るな。粉も吸うな」と注意された。灰レンガには緑色のこけのようなものが付着しており、「これは六価クロムのレンガや。見つかったら大変なことになる」と言われた。A氏らは、それまで廃棄物の集積場から廃レンガを搬出し、処分場に廃棄していたが、そんな恐ろしいものだとは知らされていなかった。廃レンガをトラックから降ろす際に煙のような粉が舞い、作業員は全員これを吸っていた。

こうして、さまざまな隠蔽工作をしてきたが、不法投棄が発覚したことがある。八六年六月のことで、油泥や廃ペンキ、シンナーなどを投棄していた穴が見つかったのだ。住金でも会社でも大騒ぎになった。市の指摘で穴の油泥を全部汲み出して別のシートでシールドして埋め戻すことになったが、住金の担当者はこんな指示を出した。

「油泥を全部掘り起こしていたら、なんぼカネがかかるかわからん。ある程度埋め戻したら、残りは土をかぶせろ」

A氏は指示に従い、汲み上げた油泥は別の場所に二メートルほどの浅い穴を掘り、ビニールシートを張って投棄したものの、その後、その場所はユンボで掘ったため、結局、その油泥も垂れ流しの状態になった。

八七年、大阪市から処分場内の地下水採取の指示があった。このときも、汚水隠しの隠蔽工作をした。その方法は、まず長さ八メートルのパイプの先端にドラム缶を溶接しておき、それを地下水採取場所にあらかじめ埋めておく。検査前に、パイプからきれいな工業用水道水を入れてドラム缶に貯め、吸い上げられるのは汚染されていないこの水なので、調査にパスする仕組みになっていた。

八八年以降、法律の改正により住金の自社最終処分場は、管理型処分場から安定五品目（一般環境中で変質せず飛散・拡散しにくい以下の五品目、廃プラスチック類、ガラス・陶磁器くず、建設廃材、ゴムくず、金属くず）しか処理できない安定型最終処分場に変更された。しかし、住金はA氏らに指示して、油泥、油、焼却灰、炉内清掃灰、集塵灰、廃レンガなどの有害廃棄物を投棄・埋設した。

USJ安全宣言に疑問！

猛毒PCBが入った大型トランス（電圧を変える変圧器）を捨てたこともある。八九年ごろで、縦一・八メートル、幅一メートルの大型トランス一個と、縦八十センチほどの小型トランス三個の計四個がスクラップとして住金関西製造所構内に持ち込まれた。以前から、取り引きしている業者に引き取りを依頼したが、「中の液体は非常に危険な物質なので、そのままでは引き取れない。液体を抜いたあとなら引き取れる」と言われた。中の液体とは、猛毒のＰＣＢであることはいうまでもない。そこで、住金の指示を仰いだところ、「西工場内でトランスを潰して、中の液体を抜け」と、命令された。それでＡ氏は、四個のトランスをユンボを使って潰し、中の液体を抜いたうえで、スクラップとしてさきの取引業者に渡した。ＰＣＢ入りの液体は、そのまま構内に穴を掘って埋めた。

Ａ氏が会社を退社した後も、九六年に処分場そのものが廃止されるまで違法投棄は続いた。

さて、このＡ氏の告発をマスコミが報道したことから大騒ぎになり、住金は九七年六月、ＵＳＪ予定地の土壌汚染調査を行なった。同社から報告を受けた大阪市は、九月、調査結果を発表した。それによると、十八カ所・百七十六地点をボーリング調査。うち五地点で環境基準値を超える六価クロム（最大十二倍）、ヒ素（同三・五倍）、セレン（同十五倍）、鉛（同一・七倍）、総水銀（同一・二倍）が検出された。

筆者は、最初にＡ氏に会う三年前の九七年十一月、土壌汚染結果が発表されたことを受けて、住金本社に直撃インタビューしたことがある。そのとき、同社広報室は、こう強気の回答をしていた。

「まず申し上げたいのは、産業廃棄物処分場としてはこれまで投棄してきたことに、何か不法なことをしてきたんじゃないかということについては、それは一切ない。前回調査（八九年の処分場閉鎖時に観測井戸二カ所を設け、水質調査。このとき、当時の環境基準を超える鉛と総水銀を検出、基準値内ながらＰＣＢも検出）でもあきらかになったことだが、産業廃棄物処分場としての基準があり、それに照らせばなんら問題はない値です。ただ、処分場跡地からＵＳＪ用地に転用されることで適用される環境基準からすると、我々はごく一部と思っているけれど、外れたところが出てきたという事実はある。住金が何か悪いことをしているんじゃないかというのがマスコミ全体のトーンですが、産廃処分場というかたちのなかではなんら違法なことをやったといわれる覚えはない」

さらに、こうも答えていた。

「責任とかいうのではなく、今後ＵＳＪ用地として使われるにあたって、一部とはいえ外れた部分が出てきているのは事実なので、我々としてはキチンとできる必要な措置は当然やっていくことになる。いまの段階で（土壌を改善するとか）、まだ、具体的にはわかりません。何もしないという結論もひょっとしたらあるかも知れませんが、今後の市の検討会の審議を待ってということになります」

「何もしないこともあるかも知れない」とまで口にするからには、住金として相当の自信があったのだろう。

この住金側の発言を裏付けるように、監督官庁の大阪市環境保健局（当時）の担当者も、筆者に、安心しきったような口ぶりでこう答えていた。

「土壌の環境基準は河川と同じように厳しいが、百七十六地点のうち環境基準値を超えたのは五地点と数的には少なかったと思う」

が、住金側の強気発言は、崩されることになる。世論の批判が高まり、同年九月、大阪市は学識経験者からなる「USJ予定地環境対策技術検討会」(以下、検討会)を設置し、環境基準値を超える有害物質が検出された地点の周囲五十カ所の土壌を追加調査することを住金に勧告。同年十二月、住金は追加調査結果を発表し、調査地点中二カ所で六価クロムが環境基準値を超えていたことをあきらかにした。

この調査結果をもとに、検討会は九八年三月、①環境基準値を超える重金属を含む鉱さい約一万八千トンはUSJ建設予定地以外の管理型処分場で処理する、②それ以外の鉱さいや油分一%以上の土など約十万トンは、環境基準値以下でもUSJ駐車場地下にセメントで遮水工事された新処分場を造って密閉する……などと提言。これを受けて大阪市は、環境基準値を超える鉱さいについては、大阪湾の埋め立て処分場「フェニックス計画」の大阪府泉大津沖処分場で処理すること、環境基準値を大幅に超える六価クロムは硫酸第一鉄で処理したうえ、セメントで固定すること――と住金に指導した。住金は九八年六月から八月にかけて、指摘された有害物質の処理を実行したとしてUSJ予定地の「安全宣言」を行なった。

しかし、この「安全宣言」について、さきのA氏は現在も、「大阪市の土壌調査や除去したという有害物質を含む廃棄物の行方については、重大な疑惑がある」と、以下のように指摘していた。

第一の疑惑は、ボーリング調査。住金は市の指導を受けて調査を行なったが、それ以前の二カ月前から処分場に土を盛り始めた。A氏は、産廃処分場が見える位置から終始監視し、現場の写真撮影もした。盛土の高さは五〜六メートルはあった。埋めてある産廃はその盛土の下にあるため、いくらボーリング調査をしても、出るはずの有害物質は出てくるわけがなかった。盛土した上からの調査であるため、少なくとも二十メートル以上は、ボーリングしなければ、本当のデータは出てこない。

しかも、のちに入手したボーリング調査地点の地図を見ると、A氏が有害物質を埋めた場所を見事にはずしていた。それでも、一部で有害物質が出たのは、埋め立てた当時と形状が変わっていたためか、埋め立てをしていた場所を間違って調査したものと思われた。

第二は、調査が不徹底だったこと。というのも、住金が調査をした範囲外の場所にもA氏らは不法投棄していたからだ。たとえば、もうUSJの工事でわからなくなったが、処分場の中が見えないように、周囲に高さ十メートル幅七百〜八百メートルの土手一カ所と幅五十〜六十メートルの土手を二カ所をつくった。これは、鉱さいやダスト、粉塵などをあんこ状にして造成したもので、もちろん不法投棄だった。九二〜九三年ごろ、処分場から廃レンガやダスト、黒鉛、粉塵など約五十トンを北港運河に埋め立てて投棄したが、この場所もUSJ敷地内にあり、不法投棄されたまま掘り起こされていない。

ちなみに、住金は一般廃棄物の処分場である大阪南港、大阪五輪の選手村に予定していた北港・夢洲など四カ所に、一般廃棄物と産業廃棄物を混ぜて処分。その量は月間八百トンに及んだが、うち半分以上は違法な産業廃棄物だった。

A氏の告発をきっかけに、此花区の会社社長が、地下水汚染の恐れがあるとして、住金を相手に工事差し止めや地下二十メートル深度のボーリング調査を要求する裁判を起こした。その裁判に提出された住金側の準備書面には、調査の現場写真が添付されていたが、調査員はすごい格好をしていた。防毒マスクのようなものをつけ、足の先まで覆われた宇宙服のようなものを着て、不法投棄した穴の中に入っていた。茨城県の東海村で起きた臨界事故の時と格好はそっくりだった。A氏は、「ああ、住金も恐ろしいものが埋まっている、と知ってたんや」と思った。

第三は、掘り起こした有害物質の処理である。有害物質は泉大津市の埋立地に運んで処理したと、住金も大阪市も発表したが、事実と違う。割合は不明だが、大阪市が埋め立てをしていた住之江区の南港・咲洲にも運んだ。住金の搬出場から咲洲まで、まだ、湯気がのぼっている状態の油泥などを船で運んでいる現場をAさんは見ていて、写真も撮っていた。咲洲は、産廃の埋め立てが禁止されているところで、市も有害物質隠しに手を染めている疑いがあった。

筆者は、おおよそ以上のような内容の告発記事をUSJオープン直前の〇一年二月発売の月刊「現代」に書いたが、大阪市はもちろん、住金からも一言も反論はなかった。

大阪市はウソばっかり

住金など「西六社」が操業していた此花区西部地区の両脇には、正蓮寺川、安治川の二つの川があり、大阪湾に流れこんでいる。正蓮寺川からは、九九年十月PCB汚染が認められるヘドロが発見された。大阪府の調査によれば、同区の恩貫島橋下流付近から北港の此花大橋上流付近まで長さ七百五十メートル、幅五十メートル、川床から一～三メートルの深さのところで、その量は七万～八万立方メートル。ダイオキシン濃度は一番高いところで二万千ピコグラムに達した。安治川のPCB汚染土が北港の舞洲の埋め立て用土砂として使われていたことも判明している。

再会したさきのA氏は自らの体験をあらためてこう語った。

「住金も自分のところにゴミ焼却場を持っていましたが、ダイオキシン問題が出てきたことで使わなくなった。あの焼却灰がどうなったのかは不明です。また正蓮寺川には、工場排水をドンドン流していました。他の企業も、安治川に工場排水を流すなど、西六社一帯は、汚染土と汚染水に、そして流れ込む大阪湾も汚染されていることは間違いありません。大阪湾岸道路の橋桁《はしげた》を埋めるため、数十メートル掘りましたが、ゴミだらけでした。工事を請け負った大手ゼネコンの依頼で、私の会社はそのゴミをUSJに隣接した工場近くの道路の角に埋めました。処分に数千万円の費用がかかったため、ゼネコンは、『カネがかかりすぎる』と中止し、代わりに北港の埋立地の端に船で運び、闇夜に紛れて捨てていました」

そして、「身に染みて知った」とばかりに、こう言い切った。

「住金に限らず、大手企業と大阪市の癒着はひどいもんです。大阪市なんか、ウソばっかりですわ」

そのAさんは、初めて会ったとき、自ら身体の異変についてこう語っていた。

「八十六歳で亡くなった父親は、結核を患い、死ぬ十年ほど前から両手がどんどん細くなっていた。それと同じことが私にも起こっている。手足がしびれて字が書けなくなったり、足の神経の感覚がなくなったり……。会社の従業員に白血病や結核で亡くなった人もいる。二十数年間にわたって、有害物質を吸ってきたことが原因なのか、自分の身体がどうなっていくのか、不安です」

そして、歩くたびに突然、右足のひざががくんと崩れ落ちるように折れ曲がってしまう症状に見舞われていたが、再会したときも症状は改善されていなかった。

それにしても、なぜ大阪市は猛毒地帯に、よりによって夢を売るテーマパークを誘致してきたのか。

当時、住金直属の下請け会社として、同社の社内事情や仕事柄、大阪市の内情をよく知る立場にあったAさんは、こう明かす。

「最初は、USJはいま大阪ドーム（現京セラドーム大阪）がある大正区の大阪ガス工場跡地と聞いていました。それが土壇場で、当時の佐々木伸助役（USJ前社長）と住金の新宮康男会長との話し合いで、住金跡地に持ってくることが決まったと聞いています」

佐々木氏は、大阪市のエリート集団である京大閥で、港湾畑を歩き、大島靖市長時代の八四年、港湾局長に就任。その後、都市計画局長を経て、故西尾正也市長二期目の九二年、助役に就任。九五年、西尾氏の後を継いだ磯村隆文市長のもとで、「影の市長」と呼ばれるなど実力者として知られていた。また、「京大出の〝土〟の専門家で、湾岸の埋め立てで汚染土をカネに代えた男」（大阪のゼネコン関係者）と、いまでも語り草になっている人物だ。

佐々木氏が港湾局長時代の助役は、やはり京大出身の西尾氏。西尾氏は、大阪市では企業会計であるがゆえに、潤沢な独自財源を持てることから港湾局と並んで有力部局といわれてきた交通局の局長経験者で、助役就任前は、港湾局の外郭団体・大阪港振興株式会社社長を務めていた。このため、のちに市長に就任する西尾氏と佐々木氏のコンビが、バブル崩壊で破綻、今日、大阪市が巨額の負債を抱える最大の要因とされる港湾局主導の大阪湾岸開発優先路線を敷いたといわれている。

その分、佐々木氏は助役在任中から、ゼネコンなど大手企業との癒着などたびたび黒い噂が流れ、ダーティなイメージが強い役人だった。一方の新宮会長は、当時、関西財界のトップ・関経連会長で、斜陽化していた大阪湾岸の重厚長大型産業から撤退した後の遊休地活用や新たな港湾埋め立てに巨額の公共投資を引き出す大阪湾ベイエリア開発推進の中心人物だった。その二人の思惑が一致して大阪湾開発の目玉としてUSJを此花区西部地区、それも住金工場の跡地に持ってきたと考えても不思議ではない。

それにしても、A氏の証言によると、違法投棄された廃棄物は、取り除かれないまま、USJの敷地にまだ大量に埋められていることになる。巨大テーマパークを訪れる年間八百万人もの人々が、直接的になんらかの被害を受けることはないにしても、地下水などを通じて環境汚染が拡がっていく恐れは、いまでも払拭されてはいないのだ。

環境政策論が専門で土壌汚染問題に詳しい大阪市立大学大学院の畑明郎《はたあきお》教授は、その著『拡大する土壌・地下水汚染―土壌汚染対策法と汚染の現実（〇四年三月、世界思想社刊）で、USJの土壌汚染問題に触れ、「産業廃棄物処分場跡地には、重い構築物である『コージェネレーション施設』と『ジュラシック・パーク飛び込み台』が建設され、下部に四十メートル基礎杭を約百九十本も打ち込んだ。しかし、下部のボーリング調査はされておらず、基礎杭が廃棄物層を打ち抜き、地下水層に汚染を広げる可能性があり、ジュラシック・パークの飛び込み池に汚染地下水が湧出する可能性もある」と警告している。

土壌汚染で揺れる億ション

USJ猛毒問題の後も、大手企業と大阪市の馴れ合いなしでは生まれないような重金属汚染隠しが露見し、刑事事件に発展したケースもある。

旧三菱金属（現三菱マテリアル）大阪製錬所跡地を再開発した大阪市北区の大型商業複合施設、大阪アメニティパーク（OAP）土壌汚染事件で、敷地内から湧き出る地下水から発がん性が指摘されているヒ素が最高で国の環境基準の六十五倍、セレンが八十三倍の濃度で検出。また、そうした汚染水を薄めないままヒ素が最高で下水道法の排出基準の六・五倍、セレンが三・四倍の濃度で排水されていたことが、〇二年秋、発覚した。

同製錬所は約百年間にわたって操業し、八九年に閉鎖。その後、六万七千平方メートルの跡地を三菱地所と三菱マテリアル、同マテリアルの子会社・菱金、スーパーゼネコン・大林組の四社が事業主体となって再開発し、三十階建てのいわゆる「億ション」(九八年三月入居開始、二棟計五百十八戸＝OAPレジデンスタワー)や帝国ホテル大阪が入る商業ビル(OAPタワーズ)が建った。三菱側は、九七年一月の時点で、湧き水に重金属が含まれていることを把握、〇一年一月には先述したように高濃度のヒ素、〇二年四月以降にもやはり高濃度のセレンを検出したが、住民には説明しないまま分譲を続けた。ところが、〇二年五月、日本で「土壌汚染対策法」が制定されたことを契機に、大阪でも建設業界で海外移転やリストラで遊休地になった重厚長大型工場の跡地開発に注目が集まった。そのなかで、旧三菱金属製錬所跡地を再開発したOAPレジデンスタワーも、「土壌汚染されている」との話が持ち上がり、同年九月、大阪の建設業界紙が「OAP一帯の土壌汚染に関して住民の不安が広がっている」と報道したことを契機に、土壌汚染が明るみに出た。

三菱側は〇〇年八月、大阪市の土壌汚染についてのアンケート調査に、「(OAP)

敷地内に堆積していた鉱さいは全量搬出・処分した」との報告書を提出していたが、一連の土壌汚染の発覚で、これが虚偽報告だったことが判明。〇二年十二月、三菱側はあらためて大阪市に始末書を提出し、敷地内の地中の鉱さいを掘削しそのまま、あるいはセメントと混ぜ合わせて残したことを認めた。金属の製錬過程から大量に出る鉱さいは、地中に残っていると、含まれている重金属が地下水に染み出す可能性があることは常識だった。

その後、再開発前の八九年のボーリング調査データから、OAP敷地内に、セレンは環境基準値の五千倍、ヒ素は千五百倍もの高濃度の重金属が残っている可能性があることもあきらかとなるなど、三菱側の重金属汚染隠しに、世論の批判が高まり、住民が三菱地所住宅販売などを告訴。これを受け、大阪府警は〇四年十月二十八日、マンションを分譲していた三菱地所住宅販売、再開発した三菱地所、三菱マテリアルの大阪支店・支社などを、「土壌汚染の事実を意図的に隠して販売した」として、宅建業法違反（重要時効の不告知）容疑で家宅捜索した。この家宅捜索直前には、住宅棟に隣接する複合施設OAPタワーの地下駐車場で、壁面の穴から約二十トンの地下水が漏れ出る騒ぎがあり、下水道排出基準の百六十倍に当たる重金属のセレンなど汚染物質が検出されていたこともあきらかになった。

さらに、大阪府警は十一月二十二日には、三菱地所住宅販売や三菱地所、三菱マテリアルなどの東京本社・本店も家宅捜索し、宅建業法違反容疑で大阪地検に書類送検。捜査の成り行きが注目されていたが、大阪地検は〇五年六月、事件当時の三菱側幹部計十人と法人を不起訴処分（起訴猶予）とした。住民側との補償交渉が成立したことを考慮して刑事訴追を見送ったもので、三菱地所は有罪が確定した場合、宅建業の免許が取り消され、五年間取得できなくなる事態を免れた。

三菱と市の癒着が原因

今年〇六年六月十三日、ＯＡＰの土壌汚染事件で、国土交通省と東京都は、マンション販売にかかわった三菱地所、三菱マテリアル、大林組など五社を宅建業法（重要時効の不告知）に基づき行政処分した。東京都は三菱マテリアルを業務停止二週間、国交省は大林組を同七日間、残る三菱地所、三菱地所住宅販売、三菱マテリアル不動産の三社は、再発防止措置の指示処分とした。

ところで、汚染発覚後の〇三年、三菱側はあらたに土壌汚染について調査し、その結果を公表したが、「調査手法が甘い。実態を正確に反映していない」などの批判が上がり、マンション住民側の要求で三菱側同意のもと、〇四年に改めて「ＯＡＰ土壌地下水汚染」調査が行なわれ、学識者四人による「ＯＡＰ土壌地下水汚染等対策に係る技術評価検討会」が設置された。同検討会は〇五年七月、第一回目の検討会を開いたが、委託された環境調査会社の報告から、マンション敷地内の地下水から環境基準の約千六百倍のセレン、約四百三十倍のヒ素が検出されたことがわかった。また、敷地境界付近の地下水から環境基準の約千三百倍のセレン、約二百七十倍のヒ素が検出され、同調査会社は「地下水を通じて敷地外に有害物質が広がる可能性がある」と指摘した。

ＯＡＰの敷地が高濃度汚染地域であることが改めて立証されたことを受けて、三菱地所など事業者側は、〇六年に入って、環境基準値を超える汚染物質が検出された敷地内の表層土壌の入れ替え、敷地外への拡散を防ぐため深さ二十三メートルの地中遮水壁を設置するなどの対策工事を行なうことを決めた。九月、事業主の三菱マテリアルが、ＯＡＰ敷地外の地下水から環境基準値の約四百十倍にあたるセレンなどの化学物質を検出したと発表、敷地外にも汚染が広がっていることが裏付けられた。

それにしても、こうした高濃度汚染地域がどうして再開発地になったのか。本稿のＵＳＪ問題のところで登場した土壌汚染問題に詳しい大阪市立大学大学院の畑教授も、有識者による「ＯＡＰ土壌地下水等汚染対策に係る技術評価検討会」のメンバーになったが、同教授は、「三菱側の汚染隠し体質となにかと大手企業に弱い大阪市のチェック体質の甘さが土壌地下水汚染をこれだけ深刻化させた」と、ことの経過をこう説明する。

「たとえば、業界紙が土壌汚染問題を取り上げ、OAP問題が初めて表面化した際、三菱側は、『過去に三菱金属の操業で従業員や周辺住民が健康被害を受けたという事例はまったく発生していない』と、マンション住民とマスコミに文書を配布し、打ち消しに必至になりました。しかし、これはまったくのウソで、三十年前、製錬所付近の団地住民の多くがかゆみを訴え、発疹が出るなど皮膚病が続出、関西医科大学と当時の大阪府立放射線中央研究所が調査し、製錬所の煙突から排出されたセレンが原因と突き止めました。このことは、七二年六月の読売新聞でも報道されています。製錬所では、セレンを浴びて失明した事故も過去にあったといわれています」

「二〇〇〇年八月、大阪市の土壌汚染に関するアンケート調査に、三菱側は、敷地内の鉱さいはすべて撤去したと回答しましたが、その鉱さいも、旧三菱金属製錬所の操業によって出たものではなく、『(旧三菱金属製錬所の一部が)旧大蔵省造幣局の官営工場であった明治時代から戦前にかけて、敷地の一部の嵩上げ材として使用したと思われる鉱さいである。弊社の事例は土壌汚染ではなく、鉱さいの搬出であり、土壌汚染に関わるアンケート調査の対象となることに疑義がある』と、市に抗議を申し出。市側はこれを受け入れ、アンケートの表現を汚染土壌ではなく、鉱さいと書き直したという経過があります。これもおかしな話で、九二年OAP着工時のボーリング調査報告書には、汚染土壌の記述はあるものの、鉱さいの記述は一切ありませんでした。三菱側は、その都度、都合よく、市への報告書を書き、市もこれを認めてきたというわけです。当初、三菱が九四年までに大阪市の指導で、『鉱さい』二十トンを産業廃棄物として大阪府泉大津市沖の最終処分場に運び、すべて撤去したから『安全だ』と言い張ってきたのは、アンケート調査で市が汚染土壌扱いを撤回し、産業廃棄物の『鉱さい』と認定したことからきたものです。しかし、これは汚染土壌をすべて鉱さいとして扱い、搬出したもので違法行為の疑いがあります。廃棄物処分場には、当時重金属を含む汚染土壌は、持ち込んではならなかったからです。大阪市は、三菱が汚染土壌を廃棄物の『鉱さい』にすりかえて、処分場に持ち込んだという、違法行為の手助けをしたと責任を問われてもしかたがありません。今回の高濃度汚染は、汚染土壌が大量に取り残されているか、残った鉱さいをコンクリートで固めたという、いわゆる『不容化』の失敗、汚染地下水の上昇のいずれか、または複合して起きたものと考えられます」

そして、こうも指摘する。

「ＯＡＰは八九年、大阪市が再開発地区計画制度の第一号地に選定し、全国でも二番目に再開発地区計画制度の指定を受けたところで、住宅棟建設には、市は優良建築物ということで約十七億円もの補助金を出しました。〇二年には、大阪都市景観建築賞・大阪市長賞も受賞した、それこそ官庁のお墨付きの優良再開発地だったんです。それが、途方もない、高濃度汚染地帯だったというわけです。ことの経過からして、偶然というものではなく、汚染地帯だったからこそ、意図的に再開発地区に指定することで、汚染を隠蔽、跡地活用に活路を開いたとしか考えられません」

事実、大阪府警が捜査で押収したメモから、三菱地所と三菱マテリアルの両社役員が出席した〇二年の会議で、「土壌汚染を公表すべきだ」との意見が出ていたにもかかわらず、「公表すれば資産価値が下落する」との理由で汚染隠しをしていたことが判明している（「毎日新聞」〇五年三月二十八日付夕刊）。

そして、畑教授が指摘するように、高濃度汚染地帯が大阪市お墨付きの再開発地区になった背景に、重大な疑惑が隠されていることが、汚染騒ぎの最中に発覚した。關市政のもとで「影の市長」と呼ばれるなど大阪市きっての実力者とされた土崎助役（当時、〇五年九月辞任）が、〇三年四月、なんとOAPマンションを購入していたのだ。

土崎氏が購入したのは、大川（旧淀川）を隔てて大阪城など絶景が望める同マンション七階の一角、一LDKの部屋。同マンションは、分譲価格が約五千万〜三億円と高額であるにもかかわらず、最高七十倍にも迫る倍率で、即日完売状態だったという。この際、大阪市内の会社が五千三百七十四万円の分譲価格で購入していたものだ。この会社から土崎氏に転売されたというわけだが、この会社は登記上の住所に存在しない幽霊会社だったことから、いっそう疑惑を深めた。しかも、業界関係者によると、「その会社社長は、土崎氏と太いパイプを持っていた市会与党の支持者」というのだ。

このことで、改めて土崎氏の経歴が注目されることになった。同氏もまた、大阪市のエリート官僚集団である京大閥で、土木部を経て財政局畑を歩き、八九年に計画局調整部長に就任している。ＯＡＰが再開発地区計画制度の第一号に指定され、優良建築物として認定されて約十七億円の補助金が出されることになったのは、まさにこの八九年のことである。土崎氏は市側の担当者だったのである。ちなみに当時の上司である計画局長は、これまたのちに「影の市長」と呼ばれた佐々木元助役だった。

土崎氏は、その後、市長室長を経て市を退職。九七年、ＵＳＪを経営する第三セクター、ユー・エス・ジェイ社長に就任した。奇しくもＵＳＪの土壌汚染問題が発覚した年である。九九年、当時の磯村市長のもとで助役に就任し、同市長後継の關市長誕生とともに筆頭助役となった。

その土崎氏がマンションを購入した〇三年の秋に市長選挙が予定されていたところから、「資金づくりのために購入したのではないか」との噂もあった。事実、このときの市長選挙に磯村氏の後継者として、与党の一部が土崎氏を推す動きがあると、さかんに伝えられていた。磯村氏の三選不出馬情報がスクープされたが、これは、土崎氏を推す一部与党のリークだとする生臭い話も流れた。実際、抜かれた別の大手紙が、その与党の最大の支持母体に三選不出馬の裏とりに走ったといわれている。

当時、磯村市長は、後継者として助役だった關氏を推していたといわれ、この磯村三選不出馬情報は、「關後継説を潰すために仕組まれたもの」との謀略戦まがいの噂も出た。

筆者は、事の真相をある与党議員に聞いたことがあるが、同議員は「土崎氏は、持病があって、本人も否定しているが、噂されていたような市長選出馬はありえない」と否定する一方、「土崎氏は、創価学会とのパイプが太かったため、市会の公明党議員は土崎氏の言動にぴりぴりしていた。（辞任した）大平助役は、土崎氏が大阪市の顧問である大物ヤメ検弁護士に相談して、大阪弁護士会から引っ張ってきたもの」と、土崎氏が議会にも大きな影響力を持つ実力者であることを認めた。

土崎氏は、厚遇問題の発覚で〇五年九月、事実上の引責辞任することになるが、故西尾元市長、佐々木元助役に続いて、大規模開発優先の大阪市の「京大閥利権」を引き継ぎ、市財政を破綻させてきた責任者の一人であることは間違いない。井越将之現筆頭助役もまた京大閥で、西尾市長時代に、大阪市の大規模開発にかかわる計画局計画部長（当時）の座にあった。

話をＯＡＰ土壌汚染問題に戻す。マンションを購入していた大阪市関係者は、驚くことに土崎氏だけではなかった。他にも元水道局長の槇野勝・大阪市信用保証協会会長、高内悦次・計画調整局都市再生担当部長など、現職・OBの八人が入居していたのだ。一般市民にはとうてい手がでない「億ション」を計九人もの市関係者が購入していたことから、「三菱側から便宜があったのではないか」との疑惑の声が上がったのも当然だった。

このことで、土壌汚染隠しや約十七億円もの優良建築物補助金の不透明さがいっそう増すことになったが、三菱側が刑事訴追されなかったため、疑惑にはフタがされることになった。

OAP土壌汚染問題の解決の方策がまだ確定していなかった〇五年六月、今度は、「西日本最後の一等地」と呼ばれているJR大阪駅北側の梅田北ヤード（貨物基地、二十四ヘクタール）の再開発事業地で、鉛が最高で環境基準値の十九倍、ヒ素が同七・五倍、水銀が同十六倍の濃度で検出された。汚染土砂除去のためには、億単位のカネが必要と伝えられている。

さきの畑教授は、こうした土壌汚染の多発の背景について、こう説明する。

「USJにせよ、OAPにせよ、大阪市内の土壌汚染は、リストラによる工場跡地売却の増加にともない、『都市再生事業』と銘打った遊休地の有効活用ということで、次つぎと、再開発地になり、土壌が掘り起こされたことから多発しているもの。もともと大阪市は工業地帯として重化学工業が多数立地しており、その跡地が土壌汚染されている場合が多い。土壌汚染は、いわば重厚長大型産業の『負の遺産』といえます」

いま、大阪市内は超高層マンション、いわゆるタワーマンションの建設ラッシュだ。たいがいは、リストラされた工場跡地である。世論の激しい批判を浴びた職員厚遇問題を逆手にとって、「市政改革マニフェスト」で市民に痛みを押し付ける福祉の切り捨てを打ち出した關市政は、開発優先姿勢だけは揺るぎがない。かつては、昼間も車のライトをつけないと走れないほどのスモッグで覆われ大気汚染公害の街として知られた大阪市だが、このままでは、重厚長大型産業が残したもう一つの負の遺産である重金属汚染という「時限爆弾」を抱えた危険都市であり続けることになる。

《主な参考文献》

『大阪破産』（吉富有治、光文社）〇五年
『やっぱりこれやで　市民がつくる大阪市政改革ビジョン』（市民がつくる大阪市政改革ビジョンチーム著、大阪自治体研究所編、自治体研究社）〇五年
『第三セクターの法的検証』（三橋良士明・田窪五朗・自治体問題研究所編、自治体研究社）九九年
『大阪市役所のナカは闇』（初村尤而、日本機関紙出版センター）九一年
『拡大する土壌・地下水汚染』（畑明郎、世界思想社）〇四年
『人間が輝くとき』（永井守彦、日本機関紙出版センター）〇一年
『市民の肩もてばずっとヒラ』（大阪市の昇任・昇格差別とたたかう会、大阪市の昇任・昇格差別事件弁護団、大阪市役所労働組合共著、日本機関紙出版センター）二〇〇〇年
『2008年大阪オリンピック名誉ある辞退を』（大阪オリンピックいらない連）九八年
『それでもオリンピックやりますか！財政破綻・環境破壊・住民無視』（大阪オリンピックいらない連）九八年

『大阪沈没』（大阪湾会議）〇三年

このほか、「朝日」「毎日」「読売」「産経」「日刊ゲンダイ」「月刊現代」など、新聞、雑誌を参照しています。

宝島
SUGOI
文庫

大阪市役所「闇」の系譜
橋下「大阪維新の会」が継承したタカリ人脈
(おおさかしやくしょ「やみ」のけいふ
はしもと「おおさかいしんのかい」がけいしょうしたたかりじんみゃく)

2013年4月18日　第1刷発行

著　者　一ノ宮美成+グループ·K21
発行人　蓮見清一
発行所　株式会社 宝島社
〒102-8388　東京都千代田区一番町25番地
電話:営業 03(3234)4621 ／編集 03(3239)0646
http://tkj.jp
振替:00170-1-170829 (株)宝島社
印刷・製本　株式会社廣済堂

ISBN 978-4-8002-0927-6